deutsch üben – Taschentrainer

Anneli Billina

Fit in Grammatik
A1/A2

Hueber Verlag

ist eine Reihe von Übungsbüchern im kleinen Format für schnelles und bequemes Üben für zu Hause und unterwegs. Mit den Taschentrainern werden z. B. Grammatik und Wortschatz in authentischen Situationen wiederholt, gefestigt und vertieft.

Die Reihe ist optimal für das Selbststudium geeignet.

5. 4. 3. | Die letzten Ziffern
2021 20 19 18 17 | bezeichnen Zahl und Jahr des Druckes.
Alle Drucke dieser Auflage können, da unverändert, nebeneinander benutzt werden.
1. Auflage

Umschlaggestaltung: creative partners gmbh, München
Fotogestaltung Cover: wentzlaff | pfaff | güldenpfennig kommunikation gmbh, München
Coverfoto: © Matton Images/StockByte
Zeichnungen: Irmtraud Guhe, München
Redaktion: Katrin Dorhmi, Hueber Verlag, Ismaning
Layout und Satz: Susanne Länge, Hueber Verlag, Ismaning; appel media, Oberding
Druck und Bindung: Friedrich Pustet GmbH & Co. KG, Regensburg
Printed in Germany
ISBN 978-3-19-357493-0

Art. 530_15035_001_03

Inhalt

Abkürzungen

m	maskulin, männlich:	*der*	Hund
f	feminin, weiblich:	*die*	Katze
n	neutral, sächlich:	*das*	Pferd
Pl	Plural, Mehrzahl:	*die*	Tiere

Vorwort

Liebe Deutschlernende,

der *deutsch üben* Taschentrainer Fit in Grammatik A1/A2 ist ideal für das schnelle und bequeme Lernen zwischendurch. Das kleine, handliche Format passt in jede Tasche. So können Sie jederzeit, zu Hause oder unterwegs, Übungen machen – und fit in Grammatik werden!

Im Taschentrainer Fit in Grammatik A1/A2 finden Sie
- 84 Übungen zur Wiederholung und Vertiefung der Grammatik in den Schwierigkeitsstufen A1 und A2,
- authentische Situationen, Dialoge und Textsorten aus dem Alltags- und Berufsleben
- und einen übersichtlichen Lösungsteil zur Selbstkontrolle
- mit einigen Tipps zur Grammatik.

Der vorliegende Taschentrainer ist für die Niveaustufen A1 und A2 und die entsprechenden Prüfungen (Start 1 und Start 2) des *Gemeinsamen Europäischen Referenzrahmens* konzipiert.

Er ist bestens zur Selbstevaluation geeignet, um zu testen, was man gut oder weniger gut beherrscht.

Viel Spaß mit Ihrem Taschentrainer!

Autorin und Verlag

A1 ... und wer bist du?

Welches Verb passt? Ergänzen Sie in der richtigen Form des Präsens.

kommen • heißen • ~~sein~~
sein • sein • arbeiten
sein • spielen • kommen
kommen • heißen • wohnen
spielen • heißen

◆ Hallo, wer (1.) __bist__ du denn?

● Ich (2.) __________ Fernando und (3.) __________ jetzt auch hier in der Straße. Und ihr? Wie (4.) __________ ihr?

◆ Ich (5.) __________ Hans, und das (6.) __________ Karin.

■ Und mein Name (7.) __________ Marcel!

● Entschuldigung – wie (8.) __________ du?

■ Marcel! Woher (9.) __________ du, Fernando?

● Meine Familie und ich, wir (10.) __________ aus Spanien. Mein Papa (11.) __________ jetzt in München.

◆ (12.) __________ du gern Fußball, Fernando?

● Klar!

■ Super! (13.) __________ wir heute Nachmittag?

● Gern, ich (14.) __________ um drei Uhr zum Spielplatz!

◆ Gut, bis später!

■ Tschüs, mach's gut!

A2 ... und wie ist, bitte, Ihr Name?

Was passt hier? Ergänzen Sie die Verben in der richtigen Form des Präsens.

sein • sein • sein • ~~finden~~ • arbeiten • freuen • beginnen

◆ Entschuldigung, (1.) *finde* ich hier Herrn Sorger?

● Ja, ich (2.) __________ Herr Sorger.

◆ Mein Name (3.) __________ Frau Menken, ich (4.) __________ hier nächste Woche meine Arbeit als Assistentin.

● Ach, natürlich! Freut mich, Frau Menken! Das hier (5.) __________ mein Kollege, Herr Weidlich. Sie (6.) __________ nächste Woche auch viel zusammen.

■ Guten Tag, Frau Menken. Nett, Sie kennenzulernen!

◆ Guten Tag, Herr Weidlich. Ich (7.) __________ mich auch!

A3 Eine schwierige Ehe ...

Ergänzen Sie das Verb in der richtigen Form des Präsens.

1. Ich _fahre_ sehr gern Motorrad, aber mein Mann _fährt_ leider nie mit mir (fahren).
2. Ich __________ so gern Steak, aber mein Mann __________ nur Gemüse (essen).
3. Am Wochenende __________ ich bis um 11 Uhr, aber mein Mann __________ nicht gern lang (schlafen).
4. Ich __________ gern Liebesfilme, aber mein Mann __________ nur Fußball und Nachrichten (sehen).
5. Manchmal __________ ich meinen Hund (waschen), aber mein Mann __________ mir nicht (helfen). Er __________ lieber stundenlang sein Auto (waschen).
6. Ich __________ nicht so gern, aber mein Mann __________ jedes Jahr einen Marathon (laufen).
7. Ich __________ nicht gern Medikamente, aber mein Mann __________ jede Nacht eine Schlaftablette (nehmen).
8. Ich __________ gern Romane, aber mein Mann __________ nur Zeitungen und Sachbücher (lesen).
9. Beim Frühstück __________ mein Mann sehr viel, aber ich __________ am Morgen sehr wenig (sprechen).
10. Am Abend __________ ich gern Freunde, aber mein Mann __________ seine Freunde nur Samstagabend (treffen).

... aber ich liebe meinen Mann trotzdem!

A4 Was so alles los ist

Bilden Sie Sätze und verwenden Sie das Verb in der richtigen Form des Präsens.

1. anfangen: der Unterricht – um 8 Uhr 30

   Der Unterricht fängt um 8 Uhr 30 an.

2. ausschlafen: du – am Wochenende – gern

   ____

   ____________________?

3. versprechen: der Vater – seinen Kindern – einen Kinobesuch

   ____

   ____________________.

4. erschrecken: die Kellnerin – und –
   fallen: der Teller – auf den Boden

   ____

   ____________________.

5. sich benehmen: respektlos – Max – er – weil –
   unterbrechen: im Gespräch – immer – die anderen

   ____________________,

   ____________________.

6. einwerfen: du – für mich – den Brief –
   vergessen: bitte – nicht – es

   ____________________?

   ____________________!

7. beraten: der Verkäufer – sehr geduldig – den Kunden –
   gefallen: dem – gar nichts – aber

   ______________________________.

   ______________________________.

8. empfehlen: das italienische Restaurant – der Reiseführer – in der Maximilianstraße

   ____

   ______________________________.

9. schenken: ich – dir – zum Geburtstag – einen Stadtplan –
   sich verlaufen: du – weil – so oft

   ______________________________,

   ______________________________!

10. wachsen: meine Pflanze – so schnell
    haben: ich – dass – bald– keinen Platz mehr

    ______________________________,

    ______________________________!

A5 Ein Tag im Leben von Frau Fleißig

Setzen Sie die passenden Verben ein.

aufräumen • vorbereiten • vorbereiten • ausmachen
abräumen • einkaufen • schreiben • einschlafen • fahren
anfangen • helfen • kochen • ~~aufwecken~~ • abholen • anrufen
aufhören • bringen • decken • liegen • fernsehen • aufhängen

1. Um 6 Uhr 30 _weckt_ sie die Kinder _auf_.
2. Dann _________ sie das Frühstück ______.
3. Nach dem Frühstück _________ sie den Tisch ______ und macht die Küche.
4. Dann _________ sie ihre Tochter in den Kindergarten und ihren Sohn in die Schule.
5. Um 8 Uhr 30 _________ sie mit ihrer Arbeit im Büro ______.
6. Sie _________ eine Präsentation ______, _________ Briefe und _________ ihre Kunden ______.
7. Um 13 Uhr _________ sie nach Hause und _________ ihre Tochter vom Kindergarten und ihren Sohn von einer Freundin ______.
8. Sie _________ den beiden ein Mittagessen.
9. Nach dem Mittagessen _________ sie ihrem Sohn bei den Hausaufgaben.
10. Am Nachmittag _________ sie die Wohnung ______.
11. Danach _________ sie im Supermarkt ______.

12. Ihre Kinder ________ im Wohnzimmer _____ und sie sagt zu ihnen: „Aber nach diesem Film ________ ihr den Fernseher _____!"
13. Sie ________ den Tisch fürs Abendessen.
14. Nach dem Abendessen ________ sie die Wäsche zum Trocknen _____.
15. Dabei denkt sie: „________ dieser Tag denn nie _____?"
16. Doch nach zwei Stunden am Schreibtisch ________ sie um 23 Uhr endlich im Bett und ________ _____.

A6 Reiseerinnerungen

Miguel und Teresa sind eine Woche lang in München. Erzählen Sie ihre Erlebnisse mithilfe der Notizen im Kalender. Bilden Sie ganze Sätze im Präsens und achten Sie darauf, ob die Verben trennbar oder untrennbar sind.

Montag	– *um 10 Uhr 30 am Flughafen ankommen* – *um 14 Uhr die Altstadt besichtigen* – *abends die Geschichte Münchens im Reiseführer nachlesen*
Dienstag	– *um 9 Uhr aufstehen* – *sich beim Hoteldirektor beschweren und in ein besseres Hotel umziehen* – *nachmittags einkaufen*
Mittwoch	– *vormittags Fahrräder ausleihen, durch den Englischen Garten fahren* – *um 21 Uhr mit Maria ausgehen*
Donnerstag	– *um 10 Uhr die Neue Pinakothek besuchen* – *um 19 Uhr Hans in einen Biergarten einladen*
Freitag	– *für Hans einen Brief ins Spanische übersetzen* – *das Münchner Nachtleben kennenlernen!*
Samstag	– *ausschlafen!* – *spazieren gehen im Olympiapark, sich verlaufen :0(* – *abends alles einpacken, die Hotelrechnung bezahlen*
Sonntag	– *um 11 Uhr das Hotelzimmer verlassen* – *um 15 Uhr 30 abfliegen* – *abends Geschenke an die Familie verteilen!*

Montag:

1. Um 10 Uhr 30 kommen sie am Flughafen an.
2. ______
3. ______

Dienstag:

4. ______
5. ______
6. ______

Mittwoch:

7. ______
8. ______

Donnerstag:

9. ______
10. ______

Freitag:

11. ______
12. ______

Samstag:

13. ______
14. ______
15. ______

Sonntag:

16. ______
17. ______
18. ______

A7 Mach doch mal!

Verbinden Sie die Sätze mit dem passenden Imperativ.

gib • geh • fahr • hab • komm • iss • ~~nimm~~ • gebt • seien
warte • sei • sprich • seid • gehen • kommen

1. Ich habe genug Kaugummis. Bitte, _nimm_ dir doch einen!
2. Die Straße hat viele Kurven, _________ nicht so schnell!
3. Ich bin gleich fertig, Peter. _________ bitte einen Moment!
4. Ich habe ein bisschen Hunger, _________ mir doch bitte eine Banane!
5. ● _________ weg, das ist mein Platz!
6. ◆ _________ doch nicht so unfreundlich!
7. _________ keine Angst! Der Hund ist nicht gefährlich.
8. _________ doch etwas lauter! Ich verstehe dich nicht.
9. _________, wir gehen ins Kino!
10. _________ nicht so viel! Du wirst zu dick.
11. _________ mir bitte eure Blätter. Der Test ist zu Ende.
12. _________ Sie bitte mit mir, da vorne ist noch ein Platz frei!
13. _________ Sie bitte leise, in der Bibliothek dürfen Sie keinen Lärm machen.
14. _________ nicht nervös, der Test ist nicht schwer. Ihr könnt das!
15. Der Bahnhof? _________ Sie bis zur Ampel und dann rechts!

A3 Ein ganz normaler Tag

Setzen Sie das Verb in den Imperativ.

Zu Hause am Morgen:

1. _Steh_ endlich _auf_ (aufstehen)!
2. __________ nicht so lange, deine Geschwister müssen auch noch ins Bad (duschen)!
3. __________ dich schneller _____, es ist schon 7:30 Uhr (anziehen)!
4. __________ dir die Haare, sonst erkältest du dich (fönen)!
5. __________ dich endlich mal ordentlich (kämmen)!
6. _____ wenigstens einen Toast (essen) und __________ eine Tasse Tee (trinken)!
7. __________ deine Sportsachen nicht (vergessen)!
8. __________ dich, es ist schon gleich halb acht (beeilen)!
9. __________ dein Fahrrad, sonst kommst du zu spät (nehmen)!
10. Tschüs, mein Schatz, und __________ auf dich _____ (aufpassen)!

In der Schule:

11. _Nehmt_ eure Deutschbücher aus den Taschen (nehmen)!

12. Max, _________ bitte den ersten

    Satz (lesen)!

13. _______________ eure roten Stifte (benützen)

    und _______________ das Verb im Perfekt (unterstreichen)!

14. Max und Leon, _________ ruhig (sein)!

15. Max, _________ schnell ins Sekretariat (laufen) und _________

    dort den Beamer _____ (abgeben)!

Im Büro:

16. Herr Müller, _kommen_ _Sie_

    bitte gleich in mein Büro

    (kommen)!

17. ____________ ______ bitte den

    Termin bei Mr. Browner ______

    (absagen), ich muss noch heute

    nach Paris fliegen!

18. ____________ ______ bis spätestens morgen Nachmittag den

    Vertrag mit der Firma Slop ______ (abschließen)!

19. ____________ ______ mir dann alle Formulare auf meinen Schreib-

    tisch (legen)!

20. ____________ ______ Ihren Urlaub auf den nächsten Monat, wir

    haben viel zu viel Arbeit (verschieben)!

A9 Ein Ausflug nach Neuschwanstein

Ergänzen Sie die Verben in Klammern in der Vergangenheit.
Vorsicht: Für *sein* und *haben* gebraucht man meist das Präteritum!

1. Meine Klasse _hat_ letztes Wochenende einen Ausflug zum Schloss Neuschwanstein _gemacht_ (machen).
2. Wir ______ eine Stunde mit dem Bus ______________ (fahren).
3. An der Kasse ______ wir eine halbe Stunde ______________ (warten).
4. Dann ______ wir viele Zimmer ______________ (anschauen).
5. Wir ______ über Ludwig II. ______________ (diskutieren) – ______ (sein) er verrückt oder nicht?
6. Ich ______ ein paar Souvenirs ______________ (kaufen).
7. Ich ______ auch ______________ (fotografieren), aber unser Lehrer ______ ______________ (sagen), das darf man nicht.
8. Dann ______ wir Pause ______________ (machen), in einem Café.
9. Dort ______ ich eine heiße Schokolade ______________ (bestellen).
10. Die Schokolade ______ (sein) gut, aber der Kuchen ______ nicht so gut ______________ (schmecken).
11. Um 7 Uhr abends ______ wir wieder nach Hause ______________ (kommen).
12. Ich ______ (sein) sehr müde und ______ gleich ins Bett ______________ (gehen).
13. Aber wir ______________ (haben) einen schönen Tag!

A10 Der perfekte Sohn

Antworten Sie auf die Aufforderungen wie im Beispiel in Satz 1.

1. ■ Du musst dein Zimmer aufräumen! ● *Ich habe mein Zimmer schon aufgeräumt!*
2. ■ Mach doch endlich deine Hausaufgaben! ● ______________________
3. ■ Kaufst du bitte Brot für das Abendessen? ● ______________________
4. ■ Gibst du bitte den Blumen in deinem Zimmer Wasser? ● ______________________
5. ■ Hilfst du Sarah bei den Hausaufgaben? ● ______________________
6. ■ Du musst noch Klavier üben! ● ______________________
7. ■ Rufst du heute Abend Opa an? ● ______________________
8. ■ Gehst du heute ins Fitness-Studio? ● ______________________
9. ■ Holst du ein paar Flaschen Apfelsaft aus dem Keller? ● ______________________
10. ■ Bringst du das Buch in die Bibliothek zurück? ● ______________________

A11 Ein anstrengender Urlaub!

Ergänzen Sie die Verben aus dem Kasten in der richtigen Form im Text.

~~finden~~ • ausfüllen • dauern • umziehen • stellen • suchen • nehmen • ankommen • landen • verpassen • verlieren • fliegen • losgehen • vergessen • kaufen • denken • tragen • bezahlen • passieren • reparieren

Liebe Anna,

endlich (1.) _habe_ ich ein Internet-Café _gefunden_ und kann Dir schreiben! Du glaubst gar nicht, was mir in den letzten Tagen alles (2.) ______________ _______!

Es (3.) _______ schon damit ______________, dass ich mein Flugzeug (4.) ______________ _______ … :0(

Ich (5.) _______ zwei Wecker ______________, aber ich (6.) _______ nicht an die Sommerzeit ______________! Es war chaotisch, aber schließlich (7.) _______ ich doch gut hier ______________. Aber nur ich, nicht mein Gepäck!! Es (8.) _______ weiter nach Miami ______________. Also (9.) _______ ich viele Formulare ______________, (10.) _______ mir eine neue Zahnbürste ______________ und ein Zimmer in der Nähe des Flughafens ______________. Nach zwei Tagen – ich (11.) _______ immer dasselbe T-Shirt ______________ … ;0) – (12.) _______ mein Rucksack endlich ______________. Ich (13.) _______ mich ______________, das Zimmer ______________ und den nächsten Bus nach Süden

______________. Du fragst Dich sicher schon, was jetzt noch kommt ... Richtig! Der Bus (14.) _______ nach 150 km ein Rad ______________! Der Busfahrer (15.) _______ es ______________, doch es (16.) _______ zwei Stunden ______________. Aber aller guten (und schlechten!) Dinge sind drei, und jetzt hoffe ich auf einen schönen Urlaub!

PS: Oh, ich glaube, ich (17.) _______ meinen Geldbeutel im Hotel ______________!!

A12 Was so alles los gewesen ist

Bilden Sie Sätze und verwenden Sie das Verb in der richtigen Form des Perfekts.

1. wegwerfen: Leoni – endlich – ihre alten, kaputten Schuhe
   Leoni hat endlich ihre alten, kaputten Schuhe weggeworfen.
2. streiten: unsere Nachbarn – die ganze Nacht – laut
   ____
3. schwimmen: Ich – gestern – 1000 Meter
   ____
4. gießen: du – die Blumen – schon – ?
   ____
5. leihen: Ich – meinem Freund – mein Motorrad
   ____

6. mitbringen: Jörg – aus dem Urlaub – einen Hund

   ____

7. schneiden: Sarah – ihre Haare – ganz kurz

   ____

8. gewinnen: Ich – noch nie – im Lotto

   ____

9. denken: Er – die ganze Nacht – an seine Freundin

   ____

A13 Veränderungen

Setzen Sie *sein* und *haben* im Präteritum ein.

1. Früher ___war___ ich schlank.	Jetzt bin ich dick.
2. Früher ________ ich keine Kinder.	Jetzt habe ich fünf Kinder.
3. Früher ________ wir reich.	Jetzt sind wir arm.
4. Früher ________ du viel Zeit.	Jetzt hast du keine Zeit mehr.
5. Früher ________ es oft langweilig.	Jetzt ist es nie mehr langweilig.
6. Früher ________ meine Eltern viel auf Reisen.	Jetzt sind sie immer zu Hause.
7. Früher ________ unser Sohn lange Haare.	Jetzt hat er kurze Haare.
8. Früher ________ wir eine kleine Wohnung.	Jetzt haben wir ein großes Haus.
9. Früher ________ ich glücklich.	... und jetzt bin ich auch glücklich!

A14 Ein Rendezvous

Was machen die Personen? Benützen Sie das passende reflexive Verb.
Beginnen Sie den Satz je nach Bild mit *er*, *sie* oder *sie* (Pl).

schminken • kämmen • ausruhen • beeilen • waschen
duschen • küssen • ~~verabreden~~ • lieben • abtrocknen
verabschieden • eincremen • ärgern • anziehen

1. *Sie verabreden sich.*

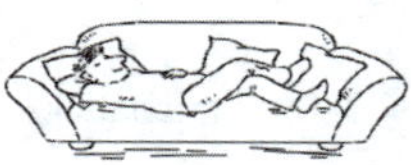

2. ______________________ 3. ______________________

4. ______________________ 5. ______________________

6. ______________________ 7. ______________________

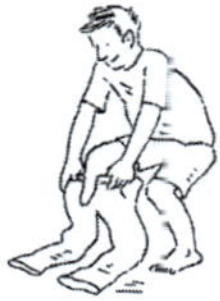

8. ____________________

9. ____________________

10. ____________________

11. ____________________

12. ____________________

13. ____________________

14. ____________________

A15 Alles ändert sich ...

Ergänzen Sie das passende Reflexivpronomen.

1. ● Klaus, triffst du _dich_ am Wochenende mit Martha?

   ◆ Nein, wir haben _______ getrennt. Aber für Samstagabend habe ich _______ mit Anna verabredet!

2. Als wir Kinder waren, haben wir _______ wochenlang auf Weihnachten gefreut. Jetzt ärgert man _______ über den Stress im Dezember und die vielen Menschen in den Geschäften.

3. ● Ich glaube, Emil hat _______ verliebt!

   ◆ Warum?

   ● Er zieht _______ plötzlich schick an, wäscht _______ jeden Tag die Haare und rasiert _______ regelmäßig!

4. ● Kinder, jetzt streitet _______ doch nicht dauernd! Ihr habt _______ doch früher so gut vertragen!

   ◆ Ja, aber Alex hat _______ so verändert!

A16 Das will ich können!

Ergänzen Sie die Verben in den Klammern in der richtigen Präsens-Form.

1. Jutta _kann_ (können) sehr gut Klavier spielen, aber sie ________ (müssen) jeden Tag üben.

2. Hans und ich ________ (wollen) am Freitagabend zum Tanzen gehen. Das wird lustig, denn wir ________ (können) nicht gut tanzen!

3. Ich ________ (wollen) unbedingt fliegen lernen. Das ist aber teuer, deshalb ________ (müssen) ich zuerst viel Geld verdienen ...

4. ● ________ (können) du Schach spielen?

   ◆ Ja, aber nicht so gut. Ich ________ (dürfen) wahrscheinlich nicht so schnell spielen, ich ________ (müssen) länger nachdenken.

5. Max ________ (wollen) im Winter einen Salsa-Kurs machen. Jetzt ________ (müssen) er aber noch eine Tanzpartnerin finden. Das ist schwierig, denn er ist ziemlich klein und er ________ (wollen) nicht, dass das Mädchen größer ist als er!

6. ● ________ (wollen) ihr mit mir Fußball spielen?

   ◆ Gern, aber wir ________ (können) erst in einer Stunde kommen. Wir________ (müssen) noch die Hausaufgaben fertig machen.

A17 Wünsche und Vorlieben

Setzen Sie *mögen* oder *möchten* in der richtigen Form ein.

1. ● Möchtest du ein Glas Whisky?
   ◆ Vielen Dank, aber ich ___________ keinen Whisky. Ich finde, er schmeckt schrecklich!

2. ● Wie findest du Mareike?
   ◆ Sehr nett, ich ___________ sie gern.

3. ● Jetzt ___________ ich am Meer in der Sonne liegen ... Und du?
   ◆ Ich ___________ die Berge lieber. Wandern und eine schöne Aussicht haben – da ___________ ich jetzt sein!

4. ● ___________ du lieber das Leben in der Stadt oder auf dem Land?
   ◆ Ich ___________ das Stadtleben, aber im Sommer ___________ ich oft in der Natur sein. Da ist es auf dem Land schöner.

5. Ralf hat nur noch schlechte Noten in Mathematik. Er lernt nicht, denn er ___________ seinen neuen Mathelehrer überhaupt nicht.

6. ● ___________ ihr vor dem Essen einen Aperitif trinken?
   ◆ Gerne! Ich ___________ bitte einen Campari Orange.
   ■ Für mich auch, bitte!

A18 Erlaubt und verboten

Was ist richtig? Markieren Sie.

1. Meine Kinder dürfen / müssen nicht jeden Tag fernsehen.

   Sie sollen / müssen lieber draußen spielen.

2. ● Mami, soll / darf ich ins Kino gehen?

   ◆ Heute nicht, du musst / darfst auf deine kleine Schwester aufpassen. Wir wollen / sollen heute Abend ausgehen!

3. ● Franz, mach endlich deine Hausaufgaben!

   ◆ Aber ich kann / will sie doch auch heute Abend machen!

   ● Nein, am Abend kannst / sollst du mit allem fertig sein.

4. Im Flugzeug muss / darf man nicht rauchen.

5. In Deutschland soll / muss man rechts fahren, aber in England muss / darf man nicht rechts fahren, man muss / soll links fahren.

6. ● Karl, du musst / darfst jetzt nach Hause gehen!

   ◆ Oh, Frau Wimmer, darf / soll ich nicht noch ein bisschen mit Toni spielen?

   ● Nein, Karl, tut mir leid, deine Mutter hat angerufen und gesagt, du kannst / sollst um 18 Uhr zu Hause sein!

A19 So viele Regeln ...

Mögen, wollen, müssen, dürfen? Wählen Sie das passende Modalverb in der richtigen Präsens-Form.

1. Meine Freunde Klaus, Johann und ich wohnen zusammen in einer Wohngemeinschaft. Wir (mögen) / ~~möchten~~ uns und mögen / wollen, dass es so bleibt! Also dürfen / müssen wir ein paar Sachen regeln:
2. Wenn einer kocht, muss / darf er danach die Küche aufräumen und natürlich das Geschirr spülen.
3. Wir müssen / dürfen bis 22 Uhr Musik hören, danach müssen / möchten wir leise sein.
4. Ich mag / möchte Katzen sehr gerne, aber Klaus hat eine Katzenallergie. Also kann / muss ich leider keine Katze haben.
5. Einmal im Monat darf / mag jeder von uns Party machen, aber um 1 Uhr kann / muss Schluss sein. Wir wollen / dürfen ja nicht, dass sich die Nachbarn beschweren.
6. Und man darf / muss in unserer Wohngemeinschaft nicht rauchen. Wenn jemand unbedingt rauchen mag / will, muss / darf er auf den Balkon gehen.
7. Am liebsten mag / möchte ich unsere „Hut-Regel“: Wenn einer seine Ruhe haben darf / will, hängt er einen Hut an die Tür. Das heißt: „Bitte nicht stören!“

A20 Warum ist denn keiner gekommen?

Setzen Sie die passenden Modalverben im Präteritum ein.

Gestern Abend wollte ich eine Party machen, aber alle meine Freunde haben abgesagt ...

1. Peter hatte zu viel Arbeit. Er *konnte* nicht kommen.
2. Susanne hatte keine Lust. Sie __________ nicht kommen.
3. Günters Eltern mögen mich nicht. Er __________ nicht kommen.
4. Christian schreibt seine Doktorarbeit. Er __________ nicht kommen.
5. Gabi hat eine Erkältung. Sie __________ nicht kommen.
6. Dieter ist lieber zu seiner Freundin gegangen. Er __________ nicht kommen.
7. Elsa hatte Angst, ihren Exfreund zu treffen. Sie __________ nicht kommen.
8. Herberts Vater hat es ihm verboten. Er __________ nicht kommen.
9. Jana ist im Urlaub. Sie __________ nicht kommen.
10. Und Ernst __________ kommen, aber dann hat er es einfach vergessen!

A21 Beziehungen ...

Markieren Sie die richtige Präposition.

1. ● Ach, ich ärgere mich so ~~auf~~ / über Miriam!
   ◆ Warum? Was ist denn los?
   ● Gestern Abend habe ich mich mit / an ihr verabredet. Dann habe ich eine halbe Stunde um / auf sie gewartet, aber sie ist nicht gekommen!
   ◆ Oje, ich glaube, du trennst dich bald von / mit ihr ...
   ● Wieso?
   ◆ Du beschwerst dich sehr oft auf / über sie und sprichst so selten nett von / mit ihr!

2. ● Kommst du am Sonntag mit uns zum Wandern?
   ◆ Tut mir leid, aber ich habe keine Zeit. Ich muss mich auf / um meinen Vater kümmern. Er lebt in einem Seniorenheim und freut sich immer so über / an Besuch.
   ● Schade!
   ◆ Ja, aber das nächste Mal gern. Mein Vater interessiert sich an / für Schach und möchte bald an / von einem Schachwettbewerb teilnehmen. Dann habe ich mehr Zeit – und ich hätte große Lust auf / für eine Wanderung!

3. ● Letzte Nacht habe ich von / mit so einer tollen Frau geträumt! Sie war ...
   ◆ Ach du, sei doch still! Wann denkst du einmal nicht auf / an tolle Frauen?!?
   ● Ja, du hast eben eine nette Freundin! Aber erinnere dich doch für / an das letzte Jahr: Da hast du nur noch von / zu Frauen gesprochen und dich zwei Tage vorher schon auf / an jedes Rendezvous gefreut!
   ◆ Ach, wirklich?

A22 Erzähl mir alles von dir!

Ergänzen Sie das richtige Fragewort und verbinden Sie die Frage mit der passenden Antwort.

1. *Wofür* interessierst du dich?
2. __________ träumst du oft?
3. __________ erinnerst du dich gern?
4. __________ hast du oft Lust?
5. __________ ______ ärgerst du dich manchmal?
6. __________ ______ kümmerst du dich gern?
7. __________ beschwerst du dich manchmal?
8. __________ ______ triffst du dich gern?
9. __________ sprichst du oft?
10. __________ freust du dich?
11. __________ ______ musst du am häufigsten warten?

- An meine Kindheit.
- Um den kleinen Sohn meiner Nachbarin.
- Über das schlechte Wetter.
- Für gute Bücher.
- Mit meiner besten Freundin.
- Auf meine Schwester.
- Von einem Lottogewinn.
- Über schlechte Lehrer.
- Über spannende Kinofilme.
- Auf ein leckeres Eis.
- Auf meinen Urlaub in zwei Wochen.

A23 Das geht wirklich höflicher!

Formulieren Sie den Satz als eine höfliche Frage.

1. Machen Sie das Fenster zu! — *Würden Sie bitte das Fenster zumachen?*
2. Hol eine Flasche Saft! ______
3. Gib mir die Butter! ______
4. Bringen Sie mir eine Tasse Kaffee! ______
5. Rauchen Sie hier nicht! ______
6. Schreibt das auf! ______
7. Geh zum Einkaufen! ______
8. Komm mal her! ______
9. Sprich leise! ______
10. Sei still! ______

B1 Einkauf für eine Großfamilie

Ergänzen Sie auf dem Einkaufszettel die Wörter in der richtigen Pluralform.

die Nudel • das Ei • die Tomate • die Packung Kaffee
die Dose Bohnen • ~~der Apfel~~ • der Fisch • der Salat
der Becher Joghurt • das Brötchen • die Kiwi • die Traube
die Flasche Wein

1. 5 Kilo Äpfel
2. 1 Kilo Tr__b__
3. 2 Kilo Tom_____
4. 5 S_la__
5. 8 Fis____
6. 15 B______ Joghurt
7. 30 Ei__
8. 4 Dos__ Bohnen
9. 3 Kilo Nu_____
10. 20 Bröt______
11. 6 F__sch__ Wein
12. 2 Pack______ Kaffee
13. 8 Ki___

B2 Wir haben Zwillinge!

Ergänzen Sie jeweils die Pluralform.

Letzte Woche hat meine Frau zwei Mädchen bekommen!
Jetzt brauchen wir ...

1. ... nicht nur einen Kinderwagen, sondern zwei _Kinderwägen_.
2. ... nicht nur eine Milchflasche, sondern zwei ________________.
3. ... nicht nur ein Bett, sondern zwei __________.
4. ... nicht nur einen Autositz, sondern zwei _____________.

Später brauchen wir ...

5. ... nicht nur ein Fahrrad, sondern zwei ________________.
6. ... nicht nur eine Sonnenbrille, sondern zwei ________________.
7. ... nicht nur ein Kinderzimmer, sondern zwei ________________.
8. ... nicht nur ein Radio, sondern zwei ________________.
9. ... nicht nur einen Computer, sondern zwei ____________.
10. ... nicht nur einen Schreibtisch, sondern zwei ________________.
11. ... nicht nur eine Schultasche, sondern zwei ________________.

Und hoffentlich finden sie einmal ...

12. ... nicht nur einen Mann, sondern zwei __________ – für jede einen!

B3 Nur ein Traum ...

Passt hier der bestimmte oder der unbestimmte Artikel? Markieren Sie den richtigen Artikel.

Mein Traumhaus liegt an (1.) einem / ~~dem~~ See. Ich schwimme jeden Morgen in (2.) einem / dem See. (3.) Das / Ein Haus ist nicht groß, aber es hat (4.) einen / den sehr großen Garten. In (5.) dem / einem Garten sind (6.) – / die Blumen, (7.) – / die Bäume und (8.) ein / der Gemüsegarten. (9.) Der / Ein Gemüsegarten hat (10.) – / die Tomaten, (11.) die / – Zucchini, (12.) die / – Gurken, und (13.) – / die Kräuter. In (14.) einem / dem Garten soll auch genug Platz sein für (15.) die / – Tiere. Ich möchte (16.) die / – Hunde, (17.) – / die Hühner und (18.) das / ein Pferd.

In (19.) einem / dem Haus gibt es (20.) ein / das Schlafzimmer, zwei Bäder, (21.) eine / die Toilette, (22.) eine / die Küche und (23.) das / ein Wohnzimmer. (24.) Das / Ein Schlafzimmer hat (25.) den / einen breiten Balkon. Im Wohnzimmer möchte ich sehr gerne (26.) den / einen Kamin. Und natürlich möchte ich (27.) ein / das Segelboot.

B4 Kreatives

Bestimmter, unbestimmter oder Nullartikel? Ergänzen Sie die Artikel in der richtigen Form.

1. ● Hast du _den_ Tisch gebaut? ______ ist ja toll!

   ◆ Danke! Ja, ich arbeite gern mit ______ Holz. Ich habe auch schon ______ Stühle und ______ Schreibtische gebaut.

- ● Kannst du mir auch mal _____ Schreibtisch bauen? _____ Tisch in meinem Arbeitszimmer ist viel zu klein.
- ◆ Gern! Ich habe sicherlich bald _____ Zeit.

2. ● Möchtest du auch _____ Pizza mit _____ Salami? Ich möchte heute _____ Pizza backen.
- ◆ Nein, _____ Salami schmeckt mir nicht so gut. Aber machst du mir vielleicht _____ Pizza mit _____ Champignons?
- ● O.k., wenn du _____ Champignons kaufst! Ich habe keine zu Hause.
- ◆ Ich gehe gleich. Hast du _____ Geld?
- ● Warte mal – ja, ich habe noch _____ 10-Euro-Schein in _____ Hosentasche. Hier!

3. ● Na, Frieda, malst du _____ Bild?
- ◆ Ja, Mami. Das ist _____ Papi mit _____ Hund.
- ● _____ Hund schaut ja toll aus. Hast du so _____ Hund schon mal gesehen?
- ◆ Ja, gestern war bei _____ Müllers so _____ Hund. Zuerst hatte ich _____ Angst, aber dann war _____ Hund ganz lieb. Und jetzt male ich _____ Hund auf _____ Bild für _____ Papi!
- ● Schön. Und zeig mir _____ Bild, wenn du fertig bist!

4. Bald ziehen wir um, in ______ neue Wohnung. Ich träume von ______ ganz bunten Wohnung. Ich möchte ______ Wohnzimmer orange anmalen, ______ Küche blau und ______ Schlafzimmer grün. Vielleicht male ich auch ______ Blumen oder ______ Formen an ______ Wände. Man sagt, Orange macht ______ Zimmer warm und Blau bringt ______ Kreativität. Und ______ Kreativität in ______ Küche ist ja nicht schlecht!

B5 Was zu wem gehört

Ergänzen Sie die Possessivartikel in der richtigen Form.

1. Ich spreche über mich:

Mein Name ist Marlies. Ich habe zwei Geschwister: ______ Bruder heißt Peter und ______ Schwester heißt Gabi. Ich wohne mit ______ Eltern und ______ Geschwistern in München. Ach ja, und mit ______ Katze Beatrice!

2. Ich spreche mit dir:

Wie ist ______ Name? Claudio? Wo lebst du und ______ Familie? Ist das ______ Hund? Der ist aber nett!

3. Ich erzähle dir von Hannes:

Der Junge auf dem Foto ist Hannes. Er lebt in Hamburg. _______ Eltern sind geschieden und er wohnt bei _______ Vater. Hier siehst du Hannes und _______ Freund John. Die beiden besuchen gerade _______ Mutter in Köln.

4. Ich erzähle dir von Nathalie:

Hier auf dem Foto siehst du Nathalie. Da stehen sie und _______ Cousine Lea vor _______ Haus in Dresden. Und hier besuchen die beiden _______ Großeltern auf dem Land. Dort steht auch _______ Pferd. Das gehört Nathalie ganz allein!

5. Mein Bruder und ich sprechen über uns:

Wir wohnen im Süden von München. _______ Haus ist nicht groß, aber sehr hübsch. Besonders lieben wir _______ Garten, er ist ganz wild. _______ liebstes Spiel ist Indianer und Cowboy. Auf dem Foto ist auch _______ Freundin Klara.

6. Ich spreche mit euch:

Hallo Petra, hallo Beate! Wie geht's? Gerade habe ich auch _______ Eltern getroffen! Ihr fahrt in den Ferien in _______ Haus am See, nicht wahr? Super! Nehmt ihr _______ Fahrräder auch mit? Was macht ihr in der Zeit mit _______ Hund? Ihr könnt ihn ja zu mir bringen.

7. Ich spreche mit Herrn Sommer:

Guten Tag, Herr Sommer! Soll ich Ihnen helfen? Ich kann gerne _______ Einkaufskorb tragen. Geben Sie mir doch _______ Schlüssel, dann öffne ich _______ Haustür.

8. Ich spreche über meine Großeltern:

Meine Großeltern heißen Gisela und Günter. _______ Haus ist auf dem Land. Dort wohnen sie schon 30 Jahre mit _______ Tieren. _______ Garten ist sehr groß und macht viel Arbeit. Aber er ist auch _______ ganze Freude.

B6 Familie Schmidt plant ihren Tag

Ergänzen Sie die Possessivartikel in der richtigen Form.

Die ganze Familie sitzt beim Frühstück und alle planen (1.) *ihren* Tag. Vater Marco und (2.) _______ Frau Ella, (3.) _______ Kinder Tom und Tim und Oma Hanna.

Ella: „Kinder, ihr müsst heute unbedingt (4.) _______ Zimmer aufräumen. Es sieht aus wie ..."

Tom: „... wie bei Oma Hannas Hühnern, ich weiß!"

Oma: „ (5.) _______ Hühner sind sauberer als ihr!"

Tim: „Ja, ja ... Ich wollte heute aber (6.) _______ Fahrrad reparieren. Das ist viel wichtiger."

Marco: „Soll ich mir mal (7.) _______ Fahrrad anschauen?"

Tim: „Das kann ich schon alleine! Aber danke, Papa. Können wir vielleicht später (8.) _______ Baumhaus weiterbauen?"

Marco: „Mal sehen – ich muss zuerst (9.) _______ Auto zur Reparatur bringen. Und ich muss Omas neue Brille abholen. Sie hat (10.) _______ alte Brille gestern verloren.

Oma: Ach ja, aber da fällt mir was ein – gestern war ich doch bei (11.) _______ Freundin. Wir haben in (12.) _______ Küche gesessen und haben (13.) _______ Urlaubsfotos angeschaut. Vielleicht habe ich (14.) _______ Brille dort vergessen!

Ella: Ich muss nach dem Frühstück einkaufen, Mutter. Dann gehe ich bei (15.) _______ Freundin vorbei und frage sie

	nach (16.) _______ Brille, einverstanden? Marco, kannst du Tom noch bei (17.) _______ Hausaufgaben helfen?
Tom und Marco:	Oh, nein, (18.) _______ Plan für heute ist schon ganz voll!

B7 Falsch gedacht!

Setzen Sie die Sätze in die verneinte Form.

	Am Freitag erzählt Robert seinem Freund:	Am Montag trifft er seinen Freund wieder. Alles war ganz anders:
1.	Morgen gehe ich zum Fischen.	Ich bin *nicht zum Fischen* gegangen.
2.	Sicher fange ich einen großen Fisch.	Ich habe __________ gefangen.
3.	Bestimmt ist das Wetter gut.	Das Wetter war __________.
4.	Dann mache ich eine Fahrradtour.	Ich habe __________ gemacht.
5.	Am Abend treffe ich meine Freunde.	Ich habe __________ getroffen.
6.	Vielleicht sehen wir einen Film zusammen.	Wir haben __________ zusammen gesehen.
7.	Oder wir gehen in die Diskothek.	Wir sind __________ gegangen.
8.	Vielleicht lerne ich dort ein Mädchen kennen.	Ich habe __________ kennengelernt.
9.	Am Sonntag schlafe ich lange.	Ich habe __________ geschlafen.
10.	Ich ruhe mich so richtig aus!	Ich habe mich __________ ausgeruht.

C1 Wie ist ...?

Kombinieren Sie das Bild und das passende Adjektiv und bilden Sie einen Satz.

neu • klein • leicht • teuer • groß • ~~verheiratet~~ • schwer
breit • krank • nett

1.  Die Frau *ist verheiratet*.

2.  Der Mann ____________________.

3.  Der Pullover ____________________.

4. 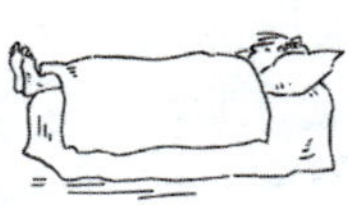 Das Bett ____________________.

5.  Das Mädchen ______________________.

6.  Die Straße ________________________.

7.  Das Fahrrad _______________________.

8. 

Die Äpfel _________________________.

9.  Der Koffer ________________________.

10.  Die Übung ________________________.

C2 Koffer packen

Ergänzen Sie die Adjektivendungen. Die Angaben in Klammern helfen Ihnen dabei.

Heute muss ich meinen Koffer packen. Ich fahre morgen in Urlaub, nach Dänemark. Mein (1.) klein<u>er</u> Koffer (m) ist sicher groß genug. Was brauche ich alles?

Auf jeden Fall brauche ich einen (2.) warm__ Pullover (m), vielleicht den (3.) grün__. Auch die (4.) blau__ Jacke (f) mit den (5.) lang__ Ärmeln (Pl) muss mit. Dann brauche ich eine (6.) lang__ und eine (7.) kurz__ Hose (f). Ich packe die (8.) schwarz__ Jeans (f) ein – und die (9.) blau__ auch, vielleicht wird ja eine schmutzig. Und von meinen (10.) kurz__ Hosen (Pl) nehme ich die (11.) weiß__ mit. Und die (12.) braun__. Für alle Fälle.

Dann brauche ich (13.) hübsch__ T-Shirts (Pl). Das T-Shirt mit den (14.) gelb__ Blumen (Pl), dann das (15.) weiß__ mit den (16.) lang__ Ärmeln (Pl) und noch fünf andere. Oder sechs.

Dann packe ich die (17.) grün__ Socken (Pl) aus Wolle ein, dazu die (18.) blau__ (19.) kurz__ und noch drei Paar.

Und meine Unterwäsche darf ich nicht vergessen.

Und dann brauche ich ein (20.) groß__ Badehandtuch (n) und ein (21.) klein__ – oder zwei.

Ich glaube, ich nehme doch lieber den (22.) groß__ Koffer (m).

C3 Auf dem Wochenmarkt

Setzen Sie die Adjektivendungen ein. Die Angaben in Klammern helfen Ihnen dabei.

Auf dem Wochenmarkt gibt es alles zum Essen und Trinken, was man sich nur vorstellen kann. Und die Lebensmittel kommen aus allen Ländern dieser Erde.

Sie finden (1.) französischen Wein (m), (2.) italienisch__ Salami (f) und (3.) griechisch__ Oliven (Pl). Auch (4.) französisch__ Käse (m) fehlt natürlich nicht. Wer lieber (5.) holländisch__ Käse (m) möchte, findet ihn auch.

(6.) Das frisch__ Gemüse (n) und (7.) das bunt__ Obst (n) sieht wunderbar aus. Es gibt (8.) afrikanisch__ Ananas (Pl), (9.) brasilianisch__ Bananen (Pl), (10.) chinesisch__ Chicorée (m), (11.) deutsch__ Dörrpflaumen* (Pl), (12.) englisch__ Erbsen (Pl) – nein, (13.) das ganz__ Alphabet (n) schaffe ich nicht!

Aber es gibt nicht nur (14.) lecker__ Obst (n) und Gemüse (n), sondern auch (15.) frisch__ Fisch (m) und (16.) saftig__ Fleisch (n). Wenn Sie ein (17.) nordisch__ Fischgericht (n) oder einen (18.) bayerisch__ Schweinebraten (m) kochen wollen, müssen Sie auf dem Wochenmarkt einkaufen!

Auch für ein besonderes Dessert finden Sie alles. (19.) Türkisch__ Süßigkeiten (Pl), (20.) arabisch__ Gebäck (n), (21.) griechisch__ Halva (n) und (22.) bayerisch__ Honigkekse (Pl) – es gibt nichts, was es nicht gibt!

*Dörrpflaumen = getrocknete Pflaumen

C4 Kontakte und ein bisschen mehr

Bitte ergänzen Sie die richtigen Adjektivendungen. Die Angaben in Klammern helfen Ihnen dabei.

1. Ein nicht mehr ganz jung*er* Mann (m) mit einem groß__ Haus (n) und einem toll__ Segelschiff (n) sucht eine gut aussehend__, jung__ Frau (f) mit lang__, blond__ Haaren (Pl) für gemeinsam__ Reisen (Pl). Eine später__ Heirat (f) ist möglich. Chiffre: JF3340.

2. Ich liebe gut__ Bücher (Pl) und klassisch__ Musik (f). Für schön__, harmonisch__ Stunden (Pl) zu zweit suche ich eine lieb__, intelligent__ Frau (f) mit gleich__ Interessen (Pl). Wollen wir zusammen lang__ Gespräche (Pl) führen und uns im kalt__ Winter (m) wärmen? Chiffre: MR2098.

3. Lang__ Bergtouren (Pl), täglich__ Joggen (n) und viele sportlich__ Freizeitaktivitäten (Pl) – das ist meine Welt! Du bist ein sportlich__ und stark__ Mann (m) mit Humor und möchtest auch nicht immer alleine laufen, schwimmen, etc.? Dann schreib mir unter Chiffre AS1254.

4. Ich hatte ein lang__ Leben (n) voll von aufregend__ Reisen (Pl) und viel__ Abenteuern (Pl) – nun bin ich 68 und suche ein gemütlich__ Zuhause (n). Ich bin eine interessant__ und humorvoll__ Frau (f). Mit mir gibt es keine langweilig__ Abende (Pl) mehr! Chiffre: MM4761.

5. Ein nett__, aber etwas schüchtern__ Mann (m) sucht eine sympathisch__Frau (f). Du bist schon über 30? Das ist kein Problem, wenn du ein optimistisch__, fröhlich__ Typ (m) bist! Chiffre: PT5184.

C5 Rap gefällt mir besser!

Ergänzen Sie die passenden Steigerungsformen von *gut, viel* und *gern* aus dem Kasten.

am liebsten • am besten • besser • ~~lieber~~ • mehr
am meisten • besser • mehr • am besten • lieber • lieber

1. ● Trinkst du gern Kaffee?
   ◆ Ja, im Sommer trinke ich gern Kaffee, aber im Winter trinke ich *lieber* Tee.
2. ● Gefällt dir Punkrock?
   ◆ Nicht so gut, Rap gefällt mir ____________.
3. ● Ich mag unseren Mathelehrer ____________ als unsere Deutschlehrerin.
   ◆ Das denkst du nur. Du kannst einfach Mathe ____________ als Deutsch!
4. Theaterkarten kosten ____________ als Kinokarten, aber ____________ kosten die Karten für die Oper.
5. ● Welcher Harry-Potter-Film hat dir bis jetzt ____________ gefallen?
   ◆ Der letzte. Der war wirklich super spannend!
6. ● Gehen wir heute Abend in einen Club?
   ◆ Bleiben wir doch ____________ zu Hause. Das kostet nichts und ist gemütlicher!

7. ● Was ist dein Lieblingshobby?
   ◆ ____________ spiele ich Tennis. Und du?

8. ● Mmh, deine Frau backt wirklich fantastische Kuchen!
   ◆ Ja, nicht schlecht. Aber sie sind nicht so gut wie meine Kuchen. Und die von meiner Mutter sind ____________, die solltest du probieren!

9. ● Kannst du heute einkaufen gehen? Du hast heute ____________ Zeit als ich!
   ◆ Das denkst du! Ich muss heute so viel arbeiten!

C6 Harte Konkurrenz

Ergänzen Sie die Adjektive im Komparativ.

1. Mein Bruder ist groß, aber ich bin *größer*.
2. Er ist klug, aber ich bin ____________.
3. Er ist sportlich, aber ich bin ____________.
4. Er verdient viel Geld, aber ich verdiene ____________.
5. Er ist lustig, aber ich bin ____________.
6. Er hat eine schöne und junge Frau, aber meine Frau ist noch ____________ und ____________.
7. Er ist schlank, aber ich bin ____________.
8. Er kommt meistens pünktlich, aber ich komme noch ____________.
9. Er arbeitet hart, aber ich arbeite ____________.
10. Er ist stark, aber ich bin ____________.
11. Die Bäume in seinem Garten sind hoch, aber meine sind ____________.
12. Er ist arrogant, aber ich bin noch ____________!

C7 Interessante Tierwelt

Ergänzen Sie die Sätze mit den fehlenden Adjektiven im Komparativ und Superlativ.

1. groß:

   Der Braunbär (3 m) ist größer als der Gorilla (1,8 m), aber am größten ist die Giraffe (5,7 m).

2. klein:

   Die Kängurumaus (7 cm) ist __________ als das Seepferdchen (15 cm), aber ________________ ist der Kolibri (2,5 cm).

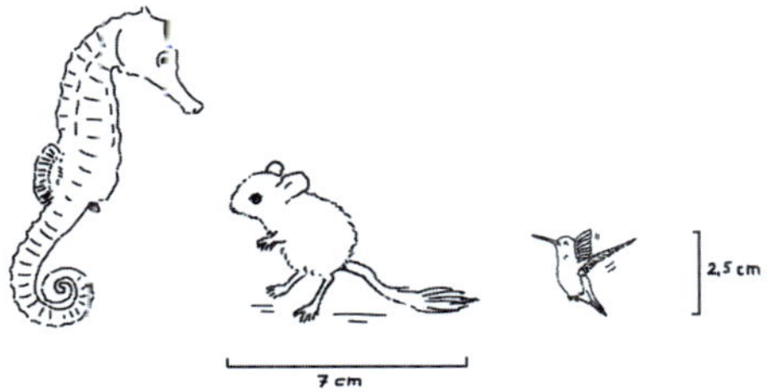

3. lang:

   Der Weiße Hai (7 m) ist __________ als das Nilkrokodil (5 m),

   aber ________________ ist der Blauwal (33 m).

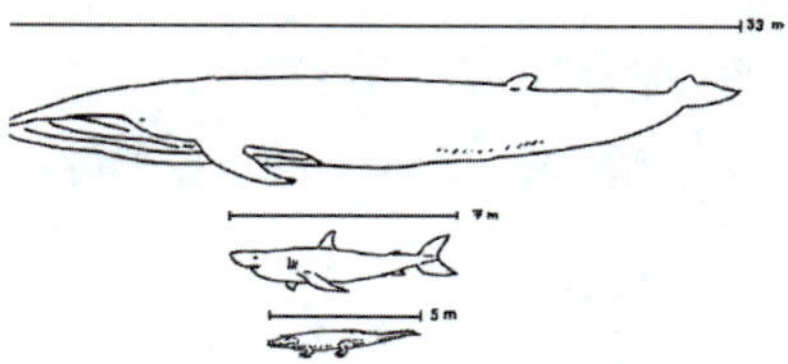

4. schnell:

   Die Gazelle (80 km/h) rennt __________ als das Pferd (69 km/h),

   aber ________________ rennt der Gepard (105 km/h).

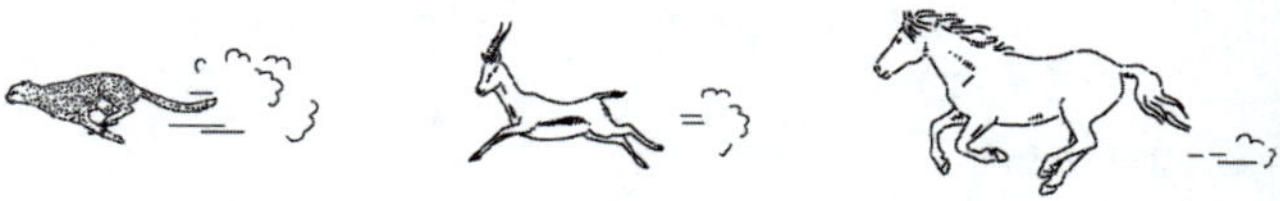

5. langsam:

   Das Faultier (190 m/h) bewegt sich __________ als die Galapagos-Schildkröte (370 m/h), aber ________________ bewegt sich die Gartenschnecke (50 m/h).

C8 Wer weiß was?

Ergänzen Sie die Fragen und raten Sie – Sie finden die Ergebnisse auch bei den Lösungen.

1.	hoch: Kilimandscharo / Nanga Parbat / K2	Welcher Berg ist *am höchsten* ?
2.	groß: Venus / Jupiter / Uranus	Welcher Planet ist ________________ ?
3.	kalt: Sibirien / Arktis / Antarktis	Welcher Ort ist ________________ ?
4.	trocken: Sahara / Wüste Gobi / Atacama-Wüste	Welcher Ort ist ________________ ?
5.	klein: Asien / Europa / Australien	Welcher Kontinent ist ________________ ?
6.	viel: Hawaii / Irland / Indien	Wo regnet es ________________ ?
7.	heiß: Al Aziziyah (Libyen) / Death Valley (Kalifornien) / Dasht-e Lut (Iran)	Welcher Ort ist ________________ ?
8.	berühmt: Picasso / Manet / Spitzweg	Welcher Maler ist ________________ ?
9.	nah: Pluto / Saturn / Mars	Welcher Planet ist der Erde ________________ ?
10.	lang: Adenauer / Merkel / Kohl	Wer regierte in Deutschland ________________ ?
11.	alt: München / Rom / Paris	Welche Stadt ist ________________ ?

D1 Gästeliste

Welche Sätze passen zusammen? Kombinieren Sie.

1. Du bist mein Gast.
2. Ihr seid unsere Gäste.
3. Ich bin Giselas Gast.
4. Marco ist unser Gast.
5. Mein Herr, Sie sind mein Gast!
6. Ich bin Jürgens Gast.
7. Die Leute sind unsere Gäste.
8. Maria ist Annas Gast.
9. Die Journalisten sind die Gäste des Präsidenten.
10. Meine Freundin ist mein Gast.
11. John ist Peters Gast.

a) Sie lädt mich ein.
b) Ich lade Sie ein.
c) Er lädt mich ein.
d) Wir laden euch ein.
e) Er lädt sie ein.
f) Ich lade dich ein.
g) Ich lade sie ein.
h) Wir laden ihn ein.
i) Er lädt ihn ein.
j) Sie lädt sie ein.
k) Wir laden sie ein.

1.	2.	3.	4.	5.	6.	7.	8.	9.	10.	11.
f)										

D2 Viele Spiele

Ergänzen Sie die passenden Personalpronomen aus dem Kasten.

~~dich~~ • ihn • uns • ihr • euch • sie • sie • ihm
ihnen • er • uns • es • ihr • dir • mir • dich • euch
uns • mich • euch

1. Lisa, Lena, Paul und Peter spielen Verstecken. Paul sucht die drei anderen Kinder. Er sieht Peter und ruft: „Ich sehe __dich__!“
   Lisa und Lena verstecken sich hinter einem Baum und sagen leise: „Peter hatte kein gutes Versteck. Paul hat ________ gleich gefunden. Aber er sieht ________ nicht, das ist gut!“
   Paul ruft: „Wo seid ________? Ich sehe ________ nicht!“ Er sucht ________ und findet ________ schließlich hinter dem Baum.

2. Sebastian hat ein neues Hobby: Schach. Es gefällt ________ so gut, dass er jeden Freitag Freunde einlädt und den ganzen Abend mit ________ Schach spielt. Meistens gewinnt ________, und seine Freunde beschweren sich: „Du spielst einfach zu gut für ________!“

3. Lisa spielt sehr gut Tennis. Ihre Freundin Lotte möchte ________ auch lernen. Lisa übt oft mit ________. Lotte bedankt sich: „Das ist nett von ________, dass du ________ alles zeigst. Dafür möchte ich ________ zum Essen einladen!“

4. ● Hallo, Gisa! Hallo, Oliver! Habt ihr heute Abend schon etwas vor?
   ◆ Nein, warum?
   ● Wir möchten mit ________ einen Spielabend machen. Wir können Rommé spielen, oder Monopoly – wollt ihr zu ________ kommen?
   ◆ Klar, ich komme gerne!
   ■ Aber Karten spielen – ohne ________! Ich hasse Karten spielen! Aber ich schaue ________ gerne zu.

D3 Kurz gesagt!

Ersetzen Sie alle Nomen durch ein Personalpronomen.

1. Hans zeigt seiner Freundin die Stadt.
   _Er_ zeigt _sie_ _ihr_.
2. Die Großmutter erzählt den Kindern das Märchen „Cinderella".
   ______ erzählt ______ ______.
3. Die Mutter erklärt ihrer Tochter die Mathematik-Aufgabe.
   ______ erklärt ______ ______.
4. Der Hund stiehlt dem Kind die Wurst.
   ______ stiehlt ______ ______.
5. Die Eltern schenken Paul den Hund Bello.
   ______ schenken ______ ______.
6. Kannst du mir den Weg zum Bahnhof erklären?
   Kannst ______ ______ ______ erklären?
7. Darf ich Ihnen die schwere Tasche tragen helfen?
   Darf ______ ______ ______ tragen helfen?
8. Der Ober empfiehlt den Gästen das Steak.
   ______ empfiehlt ______ ______.
9. Professor Müller beantwortet dem Studenten seine Fragen.
   ______ beantwortet ______ ______.
10. Tante Erika schickt Silke die Fotos vom letzten Urlaub.
   ______ schickt ______ ______.
11. Fritz bringt seiner Frau den Morgenkaffee ans Bett.
   ______ bringt ______ ______ ans Bett.
12. „Ich kann dir diese Geschichte nicht glauben!"
   „______ kann ______ ______ nicht glauben!"

D4 Alles meins!

Ergänzen Sie die Endungen der Possessivpronomen.

Großes Chaos im Kinderzimmer. Papa, Hans und Lena räumen auf.

1. Papa: „Der Pullover hier, Hans – ist das dein*er*____?"
2. Hans: „Ja, das ist mein_____. Gib bitte her!
3. Papa: „Hier sind so viele Schuhe. Lena, hier sind dein_____, und Hans, hier sind dein_____!
4. Hans: „Das sind nicht mein_____, das sind ihr_____! Die da gehören mir."
5. Lena: „Papa, gib mir bitte das Handtuch da. Das ist mein_____."
6. Papa: „Und die Spielsachen – sind das wirklich eu_____? Oder gehört vielleicht auch etwas euren Freunden?"
7. Hans: „Nein, das sind uns_____."
8. Papa: „Und warum steht ein Kochtopf unter deinem Bett?" Das ist doch nicht dein_____?"
9. Lena: „Das ist mein_____! Den brauche ich zum Musikmachen!"
10. Papa: „Aha ... ! Und warum ist das Kissen aus dem Wohnzimmer hier? Das ist uns_____, von Mama und mir!"
11. Hans: „Na gut, nimm's mit. Das ist wirklich eu_____."
    Papa: „Ihr müsst einfach besser Ordnung halten!"
12. Lena: „Also, Papa, jeder hat sein Zimmer: Das Wohnzimmer, das ist dein_____, und Mamas. Aber das Kinderzimmer ist uns_____, da bestimmen wir!"

D5 Besitzverhältnisse

Ergänzen Sie die passenden Possessivpronomen.

1. ● Ach, jetzt habe ich keinen Kugelschreiber dabei!
   ◆ Hier, nimm _meinen_!

2. ● Mit welchem Auto fährst du morgen nach Hamburg? Mit __________ oder mit Peters?
   ◆ Ich nehme lieber __________, das ist größer. Er nimmt dann mein Auto für die Fahrt ins Büro.

3. ● Hast du meine Brille gesehen?
   ◆ Ist die in der Küche nicht __________? Schau mal nach!

4. ● Kinder, wem gehören denn die Rollerskates vor der Haustür? Sind das __________?
   ◆ Nein, das sind nicht __________. Die gehören den Nachbarkindern.

5. ● Entschuldigung, Frau Wendler, ich muss dringend telefonieren und habe mein Handy vergessen. Darf ich kurz __________ benutzen?
   ◆ Natürlich, gerne.

6. ● Mama, darf ich kurz dein Fahrrad ausleihen?
   ◆ Ich wollte gerade einkaufen fahren. Aber Klara ist nicht da, nimm doch __________!

D6 Auf gute Nachbarschaft!

Ergänzen Sie die passenden unbestimmten Pronomen *ein-*, *kein-* und *welch-* mit der richtigen Endung.

Bettina kocht ein großes Menü, aber sie hat nicht genug eingekauft und die Geschäfte sind schon geschlossen. Zum Glück hat sie nette Nachbarn und kann sich vieles ausleihen.

Bettina braucht noch ein Ei. Zuerst klingelt sie bei Frau Kellerer. Doch die hat auch (1.) kein(e)s mehr. Bei Herrn Maier hat sie Glück, er hat noch (2.) ________. Dann fehlt ihr eine Zwiebel. Sie bekommt (3.) ________ von Herrn Wittmann. Einen großen Topf hat sie auch nicht, und auch Herr Maier hat (4.) ________. Aber von Frau Kellerer kann sie sich (5.) ________ leihen. Für den Salat fehlen ihr Tomaten. Frau Häberl hat (6.) ________, aber Frau Sabel hat (7.) ________. Schließlich macht sie noch ein Dessert. Dazu braucht sie eine Zitrone. Zitrone?? Frau Häberl hat noch (8.) ________. Ein Glück. Jetzt ist alles fertig. Oh nein – es sind keine Servietten mehr in der Schublade! Aber Frau Kellerer hat (9.) ________ ...!

Morgen muss sie einen Großeinkauf machen und alles zurückgeben. Hat Bettina wohl noch genug Geld ...?

D7 Meinen Sie die da?

Kombinieren Sie die Sätze. Achten Sie dabei auf das Demonstrativpronomen.

1. Ich hätte gern 200 Gramm Wurst, bitte.
2. Welcher Pullover gefällt Ihnen am besten?
3. Magst du bayerisches Spanferkel?
4. Kommen am Wochenende deine Eltern?
5. Ich möchte bitte das deutsch-englische Wörterbuch von Hans Weber.
6. Ist die Postkarte für John?
7. Kennst du den Film „Deep Blue"?
8. Bist du auch bei Dr. Korn?
9. Am Wochenende gehe ich in die Diskothek „Gardens". Kommst du mit?
10. Hallo, Luisa! Wo ist Emil?

a) Das habe ich noch nie probiert.
b) Dem habe ich schon eine geschrieben.
c) Die kenne ich nicht, aber – gut, ja!
d) Ich möchte bitte den da.
e) Nein, zu dem gehe ich nicht mehr. Ich finde, Dr. Hase ist besser.
f) Meinen Sie die da?
g) Der kommt ein bisschen später.
h) Nein, die kommen erst in zwei Wochen.
i) Ja, von dem habe ich schon gehört.
j) Das haben wir leider nicht mehr.

1.	2.	3.	4.	5.	6.	7.	8.	9.	10.
f)									

D8 Nichts kann man richtig machen!

Ergänzen Sie das passende Demonstrativpronomen.

1. ● Ich schenke Maria zum Geburtstag Blumen.
   ◆ _Der_ willst du etwas schenken? _Die_ ist doch immer so unfreundlich!

2. ● Ich möchte so gern mal mit Horst tanzen ...
   ◆ Mit ______ willst du tanzen? ______ tritt dir sicher auf die Füße!

3. ● Morgen Abend gehe ich mit Ulla zum Essen.
   ◆ Mit ______ willst du zum Essen gehen? ______ hat doch nie Geld!

4. ● Das Haus von Müllers gefällt mir richtig gut.
   ◆ ______ gefällt dir? ______ ist doch so alt!

5. ● Ich möchte so gern Jonny Depp küssen ...!
   ◆ ______ möchtest du küssen? Über ______ habe ich gestern etwas in der Zeitung gelesen, ich sage dir ...!

6. ● Sollen wir am Wochenende unsere Nachbarn zum Kaffeetrinken einladen?
   ◆ ______ willst du einladen? ______ haben uns schon ein Jahr lang nicht mehr eingeladen!

7. ● Deine Tante hat Geburtstag. Rufst du sie heute Abend an?
   ◆ ______ rufe ich nicht an! Mit ______ rede ich nicht mehr.
   ● Und ich rede mit dir nicht mehr!
   ◆ Warum?

E1 Alles eine Frage der Perspektive

Ergänzen Sie die Präpositionen *zu, in, nach, bei, von* und *aus* und den richtigen Artikel.

	wohin?	**wo?**	**woher?**
	Ich gehe ...	***Ich bin ...***	***Ich komme ...***
1. Arzt:	*zum Arzt.*	*beim Arzt.*	*vom Arzt.*
2. Einkaufen:	______	______	______
3. Büro:	______	______	______
4. Bäckerei:	______	______	______
5. Anna:	______	______	______
6. Schwimmbad:	______	______	______
7. Berge:	______	______	______
8. zu Hause:	______	______	______
9. Friseur:	______	______	______
10. meine Eltern:	______	______	______

E2 Die richtige Richtung

Setzen Sie die passende Präposition mit Artikel ein.

bis zum • über die • am • ~~zum~~ • nach • Am • Am • in die

- Entschuldigung, wie komme ich bitte (1.) zum Bahnhof?
- Also, das ist ganz einfach. Sie gehen immer geradeaus (2.) ________ ________ Karlsplatz. (3.) ________ Karlsplatz gehen Sie (4.) ________ links (5.) ________ ________ Schützenstraße. (6.) ________ Ende der Schützenstraße gehen Sie (7.) ________ ________ Luitpoldstraße und schon sind Sie (8.) ________ Bahnhof.
- Vielen Dank! Das finde ich bestimmt. Auf Wiedersehen!

auf der • auf der • bis zur • nach • am • bis zum • nach

- Können Sie mir bitte helfen? Ich suche eine Buchhandlung.
- Ja, es gibt hier eine, aber Sie müssen etwa 10 Minuten gehen.
- Das macht nichts! Können Sie mir vielleicht den Weg beschreiben?
- Gern. Sie gehen hier ungefähr 300 Meter geradeaus (9.) ________ ________ nächsten Ampel. Dort gehen Sie (10.) ________ rechts (11.) ________ ________ Baldeplatz. Hier bleiben Sie (12.) ________ ________ linken Seite und gehen (13.) ________ Kino (14.) ________ links. Dann kommt (15.) ________ ________ rechten Seite eine Buchhandlung.
- Vielen Dank! Ich hoffe, ich finde es!

E3 Urlaubspläne

Ergänzen Sie die passende Präposition. Manchmal darf keine Präposition eingefügt werden.

vom ... bis zum • um • ~~am~~ • in der • im • für/-
– • am • um • – • für/-

1. Mein Urlaub beginnt _am_ 10. August.
2. Zuerst fahre ich ______ drei Tage nach London.
3. Dort bin ich ______ 11. ______ ______ 14. August.
4. Mein Flug geht ______ 13:00 Uhr.
5. Er dauert ______ 2 Stunden.
6. Ich lande ______ 15:00 Uhr in London.
7. ______ ______ zweiten Woche möchte ich zu Hause bleiben.
8. ______ 2006 habe ich auch Urlaub zu Hause gemacht. Das war sehr schön.
9. ______ Ende gehe ich noch ______ drei Tage wandern.
10. Das ist ______ Sommer ein bisschen heiß, aber es macht trotzdem Spaß.

E4 Manager-Stress

Markieren Sie die richtige Präposition.

- ● Wann können wir den nächsten Termin vereinbaren, Herr Bizzy?
- ◆ Tja, lassen Sie mich in meinen Kalender sehen. – Hm, (1.) ab / seit Ende des Monats bin ich (2.) für / bis sicherlich vier Tage in Dubai. Aber (3.) vor / in drei Wochen hätte ich Zeit. Passt das?
- ● Na ja, (4.) vor / bis Ostern muss ich noch nach Paris. Aber sollen wir (5.) nach / an den Feiertagen den Termin machen?
- ◆ Gut, ich trage den Termin mit Ihnen (6.) für / um drei Stunden ein, (7.) vor / am Montag (8.) von / um 14:00 Uhr (9.) zu / bis 17:00 Uhr. Gute Geschäfte wünsche ich Ihnen, Herr Kaufmann!

- ■ Na, Herr Kollege, (10.) seit / bis wann sind Sie denn schon in unserer Firma?
- ◗ (11.) Seit / Vor fünf Jahren. Ich habe diese Stelle (12.) in / – 2005 bekommen. Und Sie?
- ■ Ich habe mich (13.) vor / seit drei Jahren beworben. (14.) Bis zu / Ab der Anstellung hat es aber noch länger gedauert. Ich habe die Stelle erst (15.) nach / in 6 Monaten bekommen. Aber ich bin ziemlich unzufrieden ...
- ◗ Wirklich? Das tut mir leid. Was möchten Sie denn tun?
- ■ Ich denke, (16.) in / vor einem Monat will ich kündigen – wenn ich (17.) um / bis Monatsende eine neue und interessante Stelle gefunden habe!

E5 Umzugs-Blues

An, in, um, unter, auf oder *vor*? Ergänzen Sie die richtige Präposition mit dem passenden Artikel. Das Bild hilft Ihnen dabei.

Häng die Lampe _an die_ Decke,
stell das Sofa ________ Ecke
und das Bett dort ________ Wand,
wo die Kiste immer stand.
Und den Tisch dann ________ Mitte,
Stühle ________ Tisch – na bitte!
Ist doch schon recht komfortabel.
Und dann Löffel, Messer, Gabel
________ Schublade ________ Schrank.
________ Fenster jetzt die Bank
und ________ diese stell ich Pflanzen –
das ist schön, da möcht' man tanzen!
Doch – oh weh! – wie kann das sein?
Nichts mehr passt ________ Zimmer rein!
Und da draußen, ________ Haus,
steh'n noch Möbel, welch' ein Graus ...

E6 Wie geht denn das?

Markieren Sie die richtige Präposition mit dem Artikel.

- ● Mama, ich habe Hunger!
- ◆ Dann mach dir doch ein Spiegelei.
- ● Wie denn?
- ◆ Pass auf: Zuerst nimmst du die Pfanne (1.) (aus dem) / ~~auf dem~~ Schrank.
- ● Welcher Schrank?
- ◆ Der da, (2.) in der / hinter der Mitte (3.) an der / auf der linken Seite.
- ● Und jetzt?
- ◆ Jetzt stellst du die Pfanne (4.) neben den / auf den Herd. Du nimmst die Butter (5.) in den / aus dem Kühlschrank, schneidest ein kleines Stück (6.) von der / mit der Butter ab und legst es (7.) unter die / in die Pfanne. Dann machst du (8.) vor dem / mit dem Streichholz die Gasflamme an.

- ● Oh, jetzt ist es kaputt!
- ◆ Dann nimm ein neues Streichholz (9.) in die / aus der Schachtel und wirf das kaputte (10.) in den / neben den Mülleimer! O. k.? Also: Nun schlägst du ein Ei (11.) am / über dem Pfannenrand auf.

- ● Wo sind die Eier?
- ◆ Natürlich (12.) in / vor dem Kühlschrank!
- ● Gut. Und jetzt?
- ◆ Jetzt muss es ein paar Minuten braten und dann streust du Salz und Pfeffer (13.) hinter das / auf das Ei. Und die Eierschalen legst du nicht (14.) unter den / auf den Tisch, sondern wirfst sie gleich (15.) in den / über den Mülleimer!

- ● Ja, ja …
- ◆ Na, hoffentlich bin ich bald wieder gesund … Lass es dir schmecken, mein Schatz!

E7 Ordnung muss sein!

a) Ergänzen Sie die Präpositionen aus dem Kasten und den richtigen Artikel. Die Angaben in Klammern helfen Ihnen dabei.
b) Ergänzen Sie die Sätze. Vorsicht: Die Verben verändern sich!

in • in • auf • in • zwischen • ~~auf~~ • an
unter • über • in

a) Ich muss dringend aufräumen:

1. Ich stelle Blumen _auf den_ Tisch (m) im Esszimmer.
2. Im Schlafzimmer hänge ich die Kleider ___________ Schrank (m).
3. Im Wohnzimmer stelle ich die Bücher ___________ Regalwand (f) und die CDs ___________ CD-Ständer (m).
4. Im Bad hänge ich die Handtücher ___________ Wand (f).
5. Im Flur hänge ich den Hut ___________ Garderobe (f).
6. Ich stelle das Auto ___________ Garage (f).
7. Im Schlafzimmer lege ich die Tagesdecke ___________ Bett (n).
8. Im Arbeitszimmer stelle ich den Mülleimer ___________ Schreibtisch (m).
9. ___________ Fenster (Pl) in der Küche hänge ich ein neues Bild.

b) ... und jetzt ist alles ordentlich!

1. _Auf dem Tisch im Esszimmer stehen Blumen_.
2. Im Schlafzimmer ___________________________________.

3. Im Wohnzimmer ____

   ____.

4. Im Bad ____.

5. Im Flur ____.

6. Das Auto ____.

7. Im Schlafzimmer ____

   ____.

8. Im Arbeitszimmer ____

   ____.

9. _________________________ in der Küche ____________________.

E8 **Eine Hundegeschichte**

Ergänzen Sie die fehlenden Buchstaben.

1. Ich gehe gern mit mein*em* Hund Kaylie (m) spazieren.
2. Am liebsten gehe ich mit ihm durch d___ Wald (m).
3. Er läuft dann immer um mi___ herum und ist glücklich.
4. Mein Hund kommt aus d___ Türkei (f)!
5. Ich habe ihn seit mein___ letzten Urlaub (m) in Antalya.
6. Dort habe ich bei ein___ alten Frau (f) gewohnt. Kaylie war ihr Hund.
7. Ich hatte immer viel Spaß mit d___ Tier (n).

8. Am Ende war der Hund ein Geschenk für mi___, denn sie konnte nicht mehr mit ih___ spazieren gehen.
9. Das war erst ein Problem, denn ohne ein___ Impfschein (m) durfte ich ihn nicht mitnehmen.
10. Ich bin zu ein___ Tierarzt (m) gegangen und er hat mir die Papiere gegeben.
11. Dann bin ich zurück nach Deutschland zu mein___ Freundin (f) gefahren.
12. Zuerst war sie gegen d___ Hund (m) – aber nicht lange. Jetzt liebt sie ihn – mehr als mich!

E9 Blumen für meine Frau

Ergänzen Sie die richtige Präposition.

gegen • mit • aus • ~~für~~ • ohne • seit • für • um
von • für • bei

1. ● Das sind aber schöne Blumen!
   ◆ Ja, die waren auch teuer ... Sie sind _für_ meine Frau, sie hat heute Geburtstag.

2. ● Warum ist euer Auto denn hinten kaputt?
   ◆ Tja – ich wollte einparken und bin rückwärts ______ einen Baum gefahren ...
   ● Oje!

3. ● Möchtest du auch eine Tasse Kaffee?
   ◆ Gern! Aber bitte ______ Zucker und Milch.
   ● Brrr – das schmeckt doch schrecklich bitter! Ich mag den Kaffee nur ______ Milch und Zucker.
   ◆ Nein, ich trinke meinen Kaffee immer schwarz.

4. ● Ich mache am Samstag eine Fahrradtour. Kommst du mit?
   ◆ Vielleicht – wohin möchtest du denn fahren?
   ● Einmal ______ den Starnberger See. Das dauert etwa drei bis vier Stunden.
   ◆ Gut, aber wir gehen auch schwimmen, ja?

5. ● Hast du schon gehört? Unser neuer Chef kommt ______ Hamburg. Und er wohnt noch ______ seiner Mutter! Sie kocht und wäscht ______ ihn!
   ◆ Ja, ein „Hotel Mama" ist schon sehr angenehm! Aber wie alt ist er? 45 Jahre?
   ● Mindestens!

6. ● Ich mache morgen meinen Führerschein.
   ◆ Woher hast du das Geld?
   ● ______ meinem Vater.
   ◆ Du hast es gut! Ich arbeite ______ drei Wochen im Supermarkt. Noch eine Woche, dann habe ich genug Geld ______ den Führerschein!

E10 Internationales

Ergänzen Sie die richtige Präposition und den Artikel.
Vorsicht: Einige Länder haben keinen Artikel!

1. Mein Freund Mehmet kommt *aus der* Türkei. Er lebt schon lange ________ Deutschland. Reisen ist sein Hobby. Nächstes Jahr plant er eine große Reise ________ USA (Pl).

2. Mehmets Freundin Isabel ist ________ Frankreich. Sie ist aber ________ Schweiz (f) geboren und erst mit fünf Jahren ________ Frankreich gekommen. Jetzt arbeitet sie ________ Bundesrepublik (f) Deutschland.

3. Meine Familie ist auch sehr international. Mein Vater kommt ________ Vereinigten Arabischen Emiraten (Pl), meine Mutter ________ Großbritannien. Mein Vater hat lange ________ England gearbeitet und hat sie dort kennengelernt. Dann sind sie für drei Jahre ________ Iran (m) gegangen, und dort bin ich geboren. Die nächsten drei Jahre haben wir ________ Indien gelebt und dann sind wir ________ Österreich gekommen.

4. Vielleicht reise ich deshalb so gern. Ich war schon ________ vielen Ländern: ________ Schweden und ________ Norwegen, ________ Niederlanden (Pl), ________ Spanien und ________ Italien, ________ Ukraine (f) und ________ Tschechischen Republik (f) und auch ________ Russland.

5. Unbedingt möchte ich noch ________ Ägypten und ________ Marokko und ________ einige südamerikanische Länder: ________ Chile, ________ Peru, ________ Brasilien, ________ Argentinien und ... jetzt höre ich lieber auf!

F1 Interview im Himmel

Ergänzen Sie das richtige Fragewort aus dem Kasten.

Wie lange • ~~Wie~~ • Was • Wie • Wann • Woher
Wo • Wie • Wo • Seit wann • Wann

1. _Wie_ heißen Sie?	Marilyn Monroe.
2. ________ kommen Sie?	Aus Los Angeles.
3. ________ liegt das?	In den USA.
4. ________ sind Sie geboren?	Auch in Los Angeles.
5. ________ sind Sie geboren?	Am 1. Juni 1926.
6. ________ waren Sie von Beruf?	Ich war Fotomodell, Sängerin und Schauspielerin.
7. ________ haben Sie die Schule besucht?	10 Jahre.
8. ________ haben Sie als Fotomodell und Schauspielerin gearbeitet?	Seit 1945.
9. ________ haben Sie geheiratet?	1942.
10. ________ alt waren Sie da?	16 Jahre.
11. ________ ist Ihre Telefonnummer?	Die gebe ich Ihnen nicht ...

F2 Du bist aber neugierig!

Bilden Sie zu den Antworten die passenden Fragen.

1. *Wer ist das?*	Das da auf dem Foto, das ist mein Freund Hannes.
2. ______________________	Er ist 29, so alt wie ich.
3. ______________________	Er kommt aus Berlin.
4. ______________________	Ich kenne ihn schon 10 Jahre.
5. ______________________	Jetzt wohnt er in Hamburg, aber früher war er auch in München. Er war mein Nachbar.
6. ______________________ in Hamburg?	Er wohnt dort seit drei Jahren.
7. ______________ von Beruf?	Er ist Arzt.
8. ______________________ nach München?	Ich glaube, er möchte im Juli nach München kommen.
9.	________ möchtest du das wissen?
Er gefällt mir!	Er ist aber verheiratet!
Schade ...	

F3 Sagen Sie die Wahrheit!

Machen Sie Fragen aus den Sätzen.

Andreas ist Detektiv von Beruf. Er glaubt nicht alles, was man ihm sagt …

1. Ich heiße Mona. *Heißen Sie wirklich Mona?*
2. Ich komme aus Portugal. ______
3. Lissabon ist meine Heimatstadt. ______
4. Ich spreche Portugiesisch, Englisch und Deutsch. ______
5. Mein Vater ist Professor für Physik. ______
6. Ich studiere Wirtschaft in Berlin. ______
7. Ich möchte zwei Jahre in Deutschland bleiben. ______
8. Meine Hobbys sind Singen und Gitarre spielen. ______
9. Berlin gefällt mir sehr gut. ______
10. Ich wohne in der Lindenstraße. ______
11. Ich sage jetzt nichts mehr. ______

Nein! Sie gehen mir auf die Nerven!

F4 Doch!

Ergänzen Sie die Antwort mit *ja, nein* oder *doch*.

1.	Hast du den Hausschlüssel mitgenommen?	*Ja*, hier ist er.
2.	Hast du kein Wörterbuch?	______, ich habe eins.
3.	Hast du kein Geld dabei?	______, ich habe es vergessen.
4.	Isst du heute eine Pizza?	______, ich esse lieber Nudeln.
5.	Hast du ein Handy?	______, ich habe keins.
6.	Möchtest du nicht nach Paris fahren?	______, natürlich möchte ich fahren.
7.	Liebst du deine Frau?	______, ich liebe sie.
8.	Hast du keine Kinder?	______, ich habe sogar fünf Kinder.
9.	Wohnst du nicht in München?	______, nur in der Nähe von München.
10.	Hast du Geschwister?	______, ich habe zwei Schwestern.
11.	Spielst du nicht Tennis?	______, jedes Wochenende!
12.	Machst du deine Hausaufgaben?	______, immer!

F5 Keine Ahnung!

Formen Sie die direkten Fragen in indirekte Fragen um.

1. ● Wie heißt die Hauptstadt von Deutschland?

   ◆ Keine Ahnung. Wissen Sie, *wie die Hauptstadt von Deutschland heißt*?

   ■ Berlin natürlich!

2. ● Wie viele Bundesländer hat Deutschland?

   ◆ Ähhh ... Können Sie mir sagen, ______________________________?

   ■ Klar! Das sind 16!

3. ● Und wo liegt Dresden?

   ◆ Hm. Wissen Sie, ______________________________?

   ■ In Sachsen.

4. ● Wann ist der deutsche Nationalfeiertag?

   ◆ Interessante Frage! Ich möchte wirklich wissen, ______________________________.

   ■ Der ist am 3. Oktober.

5. ● Wie viele Menschen leben in Deutschland?

   ◆ Puh, ich weiß wirklich nicht, ______________________________

   ______________________________. Und Sie?

   ■ Fast 82 Millionen.

6. ● Gibt es in Deutschland ein Meer?

   ◆ Ich bin nicht sicher, ______________________________.

   Was meinen Sie?

   ■ Im Nordwesten liegt die Nordsee und im Nordosten die Ostsee.

7. ● Wer ist denn der Chef der Regierung?

   ◆ Wissen Sie, ______________________________?

   ■ Das ist der Bundeskanzler.

8. ● Kann das auch eine Frau sein?

   ◆ Ja, ich möchte wissen, ______________________________.

   ■ Natürlich, zum Beispiel Angela Merkel.

G1 Eine Ferienwoche

Bilden Sie Sätze und achten Sie auf die richtige Verbstellung.

Vera hat eine Woche Ferien. Sie hat viele Pläne. Damit sie nichts vergisst, hat sie einen Notizzettel gemacht. Was hat sie alles vor?

1. jeden Morgen um 8 Uhr 30 aufstehen	Jeden Morgen *steht Vera um 8 Uhr 30 auf*.
2. oft ins Schwimmbad gehen	Sie ______________________.
3. Dienstagabend ins Theater gehen	Dienstagabend ______________________.
4. Ella und Rudi treffen	Sie ______________________.
5. die Großeltern in Bamberg besuchen	Sie ______________________.
6. jeden Abend joggen	Jeden Abend ______________________.
7. neue Schuhe kaufen	Sie ______________________.
8. viel spazieren gehen	Sie ______________________.
9. Montagabend ins Kino gehen	Montagabend ______________________.
10. Keller aufräumen :0(	Sie ______________________.
11. am Samstag an den Chiemsee fahren	Am Samstag ______________________.
12. am Sonntagnachmittag Tante Tilla einladen	Am Sonntagnachmittag ______________________.

G2 Der arme Bauch!

Ordnen Sie die Dialogteile und bilden Sie Sätze. Beginnen Sie den Satz mit dem unterstrichenen Teil.

1. Arzt: <u>Guten</u> • Morgen — *Guten Morgen* __________!
2. Patient: Herr Doktor • <u>Guten Morgen</u> — __________, __________!
3. Arzt: kann • für Sie • <u>Was</u> • tun • ich — __________ __________?
4. Patient: habe • Bauchschmerzen • <u>Ich</u> • seit drei Tagen — __________ __________.
5. Arzt: tut • <u>Wo</u> • Ihnen • der Bauch weh — __________ __________?
6. Patient: überall • <u>Er</u> • weh • tut — __________ __________.
7. Arzt: Bauchschmerzen • haben • <u>Wann</u> • Sie — __________ __________?
8. Patient: der Bauch • <u>Meistens</u> • tut • nach dem Essen • weh — __________ __________.
9. Arzt: <u>Essen</u> • sehr viel • Sie — __________?
10. Patient: ich • <u>Nein</u> • ganz wenig • esse — __________, __________ __________.

11. Arzt: <u>Was</u> • Sie • am Tag • essen ______________________________ ______________________________?

12. Patient: esse • fünf Eier • und • <u>Zum Frühstück</u> • ich • drei Brötchen ______________________________ ______________________________ ______________________________.

13. gehe • ins Restaurant • <u>Zum Mittagessen</u> • ich • esse • und • ein Steak mit Kartoffeln • ein Eis • zum Nachtisch • und ______________________________ ______________________________ ______________________________ ______________________________.

14. Kaffee und Kuchen • gibt • <u>Am Nachmittag</u> • es ______________________________ ______________________________.

15. nur • <u>Zum Abendessen</u> • es • etwas Kleines • gibt ______________________________ ______________________________.

16. eine Pizza • <u>Ich</u> • oder • esse • vielleicht • Schinkenbrote ______________________________ ______________________________.

17. Arzt: eine Diät • müssen • machen • <u>Sie</u> ______________________________ ______________________________!

18. essen • <u>Eine Woche</u> • Sie • Reis und Gemüse • nur ______________________________ ______________________________

19. haben • <u>Dann</u> • keine Bauchschmerzen • Sie • sicher • mehr ______________________________ ______________________________.

G3 Wort-Wolken

Bilden Sie Sätze. Die Verbklammer kommt immer in die grauen Felder.

hat | Haus-aufgaben | gemacht | nicht | ihre | Klara

1. *Klara hat ihre Hausaufgaben nicht gemacht.*

verstanden | nicht | Wort | habe | das | Ich

2. *Ich* ____________________

Party | machen | Udo | möchte | eine

3. *Udo* ____________________

kann | nicht | kommen | heute | Tina

4. *Tina* ____________________

gespielt | Wochen-ende | Am | die | Jungen | haben | Fußball

5. *Am* ____________________

dich | will | Freitag | meiner | Geburts-tagsparty | zu | einladen | ich | Am

6. *Am* ____________________

du | Kannst | heute | einkaufen? | Nachmittag

7. *Kannst* ____________________

G4 Wo ist sie nur?

Markieren Sie die Nominativ- und die Akkusativergänzung.

1. Jörg sucht seine Brille. 

2. Er fragt seinen Sohn: „Hast du meine Brille gesehen?"

3. Doch sein Sohn isst gerade einen Teller Spaghetti und hört nicht zu.

4. Dann räumt Jörg seinen Schreibtisch auf.

5. „Vielleicht finde ich sie hier", denkt er.

6. Aber die Brille liegt auch hier nicht.

7. Jörg ist sauer. „Klar, ohne Brille sehe ich meine Brille nicht gut!", schimpft er.

8. Plötzlich hat er eine Idee: „Ich habe doch gerade die Zeitung gelesen!"

9. Er geht ins Wohnzimmer. Aha – da liegt die Katze auf der Zeitung Und die Zeitung liegt .... auf der Brille!

G5 Alltägliches

Setzen Sie das Wort in der Klammer in die richtige Form der Dativergänzung.

1. ● Wie gefällt _dir_ (du) das Kleid?

   ◆ Super, aber leider passt es ______ (ich) nicht so gut. Probier du doch mal!

   ● Nein, Rot steht ______ (ich) nicht.

2. Schokolade schmeckt ____________ (Kinder) sehr gut. Doch das gefällt ______ ____________ (die Eltern) nicht, denn zu viel Schokolade ist nicht gesund.

3. ● Entschuldigung, könnten Sie ______ (ich) bitte helfen?

   ◆ Natürlich! Gehört der große Koffer da oben ________ (Sie)?

   ● Ja! Es tut ______ (ich) leid, aber er ist so schwer!

   ◆ Das macht doch nichts. Hier, bitte!

   ● Oh, ich danke ________ (Sie) sehr!

4. ● Hast du ________ ____________ (deine Mutter) schon zum Geburtstag gratuliert?

   ◆ Ja, heute Morgen schon.

5. ● Wie geht es eigentlich ________ ____________ (Ihre Eltern)? Sind sie nicht schon über 80 Jahre alt?

   ◆ Richtig! Es geht ________ (sie) gut, sie sind zum Glück gesund.

G6 Der gute Balthasar

Setzen Sie die Dativ- und Akkusativergänzungen in der richtigen Form in den Satz ein. Welche Ergänzung kommt zuerst?

1.	seine Frau, ein Blumenstrauß	Jedes Wochenende schenkt Balthasar *seiner Frau einen Blumenstrauß*.
2.	ein Kuchen, sein Großvater	Jeden Sonntag backt er ______ ______.
3.	die Touristen, der Weg	Gerne zeigt er ______ ______.
4.	sein Auto, seine Freunde	Oft leiht er ______ ______.
5.	die Hausaufgaben, sein Sohn	Abends erklärt er ______ ______.
6.	seine Tochter, der Deutschtest	Dann schreibt er ______ ______.
7.	der Nachbarshund, eine Wurst	Jeden Morgen gibt er ______ ______.
8.	kleine Geschenke, seine Kinder	Von einer Reise bringt er ______ ______ mit.
9.	seine Familie, ein tolles Menü	Am Wochenende kocht er ______ ______.
10.	schöne Geschenke, alle Freunde	An Weihnachten kauft er ______ ______.

G7 Alles nach Plan

Schreiben Sie die Sätze mit der Zeitangabe. Es gibt immer zwei Möglichkeiten.

1. Dieter steht auf. (jeden Morgen / um 7 Uhr)

   Dieter steht jeden Morgen um 7 Uhr auf. /
   Jeden Morgen steht Dieter um 7 Uhr auf.

2. Er frühstückt Toast und Kaffee. (um 7 Uhr 30)

   ____

   ______________________________.

3. Er fährt ins Büro. (von Montag bis Freitag / um 8 Uhr 30)

   ____

   ______________________________.

4. Er macht im Stadtpark Mittagspause. (meistens / um 12 Uhr 30)

   ____

   ______________________________.

5. Er arbeitet. (am Freitag / nur bis 15 Uhr)

   ____

   ______________________________.

6. Er geht mit seiner Freundin in die Oper. (am Freitagabend / um 20 Uhr)

   ____

   ______________________________.

7. Er sieht ein Fußballspiel im Stadion. (jeden Samstagnachmittag / um 15 Uhr)

____

____.

8. Er besucht seine Mutter im Seniorenheim. (am Sonntag / von 14 bis 16 Uhr)

____

____.

G8 Wann und wo?

Setzen Sie die temporale und die lokale Ergänzung in die Sätze ein.

1. Luisa fährt mit ihrer Mutter in Urlaub. (im August / nach Italien)
   Luisa fährt im August mit ihrer Mutter nach Italien in Urlaub.

2. Treffen wir uns mit Peter und Gabi? (heute Abend / vor dem Kino)

____

____.

3. Ich habe geheiratet. (im Mai / in Paris)

____.

4. Felix besucht seine Schwester. (nächste Woche / in Rom)

____

____.

5. Der Zug kommt zu spät an. (heute / in Berlin)

____.

6. Hella geht mit ihrem Hund spazieren. (am Morgen / im Englischen Garten)

____

____.

7. Meine Freundin ist mit ihrer Familie umgezogen. (letzte Woche / nach Hamburg)

____

____.

8. Gerda hat noch keine Freunde gefunden. (bis jetzt / in der Schule)

____

____.

9. Rudolf hat einen Termin. (heute Nachmittag / beim Zahnarzt)

____

____.

10. Mein Hund rennt der Katze hinterher. (seit 20 Minuten / durch den Park)

____

____.

H1 Pro und Kontra

Verbinden Sie die Sätze mit der passenden Konjunktion.

1. Ich lerne Deutsch, denn ...
2. Ich lerne Deutsch, aber ...

a) es ist sehr anstrengend.
b) ich habe einen deutschen Freund.
c) ich vergesse immer wieder alles.
d) ich mag diese Sprache.
e) ich möchte das Oktoberfest besuchen.
f) meine Freundin versteht mich immer noch nicht.
g) ich will Goethe im Original lesen.
h) mein Großvater kommt aus Deutschland.
i) ich kann noch nicht viele Wörter.
j) ich habe viele deutsche Kunden.
k) ich mag meinen Lehrer nicht.
l) ich war noch nie in Deutschland.

H2 …, aber es ist vielleicht sehr teuer!

Verbinden Sie die beiden unterstrichenen Sätze mit der passenden Konjunktion: *denn, aber, oder.*

- Was machen wir heute Abend? Gehen wir zum Essen? Schauen wir uns den neuen Film mit Tom Hanks an?

  (1.) *Gehen wir zum Essen oder schauen wir uns den neuen Film mit Tom Hanks an?*

- ◆ Das ist mir gleich. Entscheide du!
- Hm. Ich möchte gern den Film sehen. Er hat eine gute Kritik bekommen.

  (2.) ______________________________

  ____

- ◆ Gut, dann gehen wir ins Kino!
- Ja, Kino macht sicher Spaß. Ich möchte gern einmal das neue indische Restaurant ausprobieren.

  (3.) ______________________________

  ____

- ◆ Dann lass uns essen gehen!
- Das möchte ich gerne. Es ist vielleicht sehr teuer.

  (4.) ______________________________

- ◆ Ich lade dich ein.
- Nett von dir! Ich esse gern indisch. Das schmeckt so interessant.

  (5.) ______________________________

- ◆ Also Restaurant!

- Nein, gehen wir ins Kino. Im Kino ist es gemütlich. Es gibt dort so weiche Sessel.

  (6.) ____

  ____

- Weißt du was? Wir bleiben einfach zu Hause. Wir sehen eine DVD an. Wir gehen früh ins Bett.

  (7.) ____

  Das ist noch viel gemütlicher!

H3 Nachbarn, Bekannte und Freunde

Verbinden Sie die Sätze mit der passenden Konjunktion *trotzdem* oder *deshalb*.

1. Katrin ist immer fröhlich. Ich mag sie gern.

   Katrin ist immer fröhlich, *deshalb mag ich sie gern.*

2. Mein Nachbar Jens ist mir nicht sehr sympathisch. Ich trinke manchmal eine Tasse Kaffee mit ihm.

   Mein Nachbar Jens ist mir nicht sehr sympathisch, ______________

   ____

3. Oliver repariert immer mein Auto. Ich lade ihn oft zum Essen ein.

   Oliver repariert immer mein Auto, ______________________

   ____

4. Herr Baier ist oft unfreundlich. Ich spreche nicht gern mit ihm.
   Herr Baier ist oft unfreundlich, ______________________________
   ____

5. Inge und ich wollen beide fit bleiben. Wir gehen oft zusammen joggen. Inge und ich wollen beide fit bleiben, ______________________________
   ____

6. Die alte Frau Baumann ist nicht sehr nett. Ich helfe ihr manchmal im Garten.
   Die alte Frau Baumann ist nicht sehr nett, ______________________________
   ____

7. Mein Freund hat viel Arbeit im Büro. Er hat wenig Zeit für mich.
   Mein Freund hat viel Arbeit im Büro, ______________________________
   ____

8. Familie Ecker wohnt neben mir. Ich sehe sie nicht oft.
   Familie Ecker wohnt neben mir, ______________________________

9. Jürgen ist ein schwieriger Mensch. Ich bin gern mit ihm zusammen.
   Jürgen ist ein schwieriger Mensch, ______________________________
   ____

10. Herr Kaiser schenkt mir jeden Tag Rosen. Ich mag ihn nicht.
    Herr Kaiser schenkt mir jeden Tag Rosen, ______________________________
    ____

H4 Gut erklärt!

Verbinden Sie die passenden Sätze mit der Konjunktion *weil*.

1. Sebastian hat eine Erkältung.	Er mag sie nicht.
2. Ich kann mir kein neues Auto kaufen.	Das ist wichtig für den Beruf.
3. Moritz isst keine Pilze.	Sie hat sich verliebt.
4. Frieda hat einen Job im Supermarkt.	Das ist schlecht für deine Gesundheit.
5. Anja ist glücklich.	Er ist im Regen ganz nass geworden.
6. Man sollte viele Sprachen lernen.	Sie möchte Geld verdienen.
7. Jörg liest gerne die Zeitung.	Ich habe nicht genug Geld.
8. Du sollst nicht rauchen.	Er interessiert sich für Politik.

1. Sebastian hat eine Erkältung, *weil er im Regen ganz nass geworden ist.*
2. Ich kann mir kein neues Auto kaufen, ____________________
3. Moritz isst keine Pilze, ____________________
4. Frieda hat einen Job im Supermarkt, ____________________
5. Anja ist glücklich, ____________________
6. Man sollte viele Sprachen lernen, ____________________
7. Jörg liest gerne die Zeitung, ____________________
8. Du sollst nicht rauchen, ____________________

H5 Klischees

Schreiben Sie Fragen mit der Konjunktion *dass*.

1. Finden Sie, *dass Geld glücklich macht?*
   (macht / Geld / glücklich)

2. Meinen Sie, ______________________________
   (alle Deutschen / immer / sind / pünktlich)

3. Glauben Sie, ______________________________
   (Frauen / Mathematik / gut / nicht / können)

4. Sind Sie der Meinung, ______________________________
   (die Deutschen / planen / alles)

5. Finden Sie, ______________________________
   (die Menschen / dumm / das Fernsehen / macht)

6. Denken Sie, ______________________________
   (trinken / alle Engländer / gern / Tee)

7. Glauben Sie, ______________________________
   (war / früher / besser / alles)

8. Denken Sie, ______________________________
   (sprechen / über / Männer / nicht / ihre Gefühle)

9. Meinen Sie, ______________________________
   (haben / immer / reiche Männer / junge, blonde Frauen)

10. Sind Sie sicher, ______________________________
    (hübsch / Frauen / für die Männer / machen / sich)

H6 Wann ist das?

Simon ist sehr sportlich, Tanja liebt Tiere und Albert ist Arzt. Was antworten sie auf die Fragen? Bilden Sie Sätze mit der Konjunktion *wenn*.

1. ● Simon, wann bist du glücklich?
   ◆ *Wenn ich einen Marathon gelaufen bin.*
   (einen Marathon gelaufen)

2. ● Tanja, wann bist du traurig?
   ◆ ______________________________
   (meine Tiere – nicht gesund sein)

3. ● Albert, wann hast du Stress?
   ◆ ______________________________
   (viele Patienten – zu mir kommen)

4. ● Und wann bist du zufrieden?
   ◆ ______________________________
   (einen Patienten gesund machen können)

5. ● Simon, wann bist du zufrieden?
   ◆ ______________________________
   (viel trainiert haben)

6. ● Und du, Tanja?

   ◆ ____

   (mit meinen Hunden spazieren gehen)

7. ● Wann fühlst du dich wohl, Simon?

   ◆ ____

   (im Fernsehen die Olympischen Spiele anschauen)

8. ● Und du, Albert?

   ◆ ____

   (ein Wochenende frei haben)

9. ● Und Tanja, wann geht es dir gut?

   ◆ ____

   (meine Hunde haben Kinder bekommen)

H7 Eine Traumreise

Setzen Sie die passende Konjunktion ein – *weil, dass* oder *wenn.*

1. ___Wenn___ ich meinen nächsten Urlaub habe, möchte ich eine große Schiffsreise machen.
2. Ich weiß, ________ Schiffsreisen sehr teuer sind.
3. Aber ich kann das bezahlen, ________ ich lange darauf gespart habe.
4. Ich träume davon, ________ ich auf dieser Reise viele verschiedene Länder sehe.
5. ________ ich in ein arabisches Land komme, möchte ich auf einem Kamel reiten.

6. Schon als Kind habe ich mir gewünscht, ________ meine Eltern große Reisen mit mir machen.
7. Aber das war nicht möglich, ________ sie kein Geld hatten.
8. Ich hoffe, ________ das Wetter gut ist, ________ ich meine Schiffsreise mache.
9. Ich glaube nicht, ________ ich krank werde. Mit dem Schiff zu fahren macht mir keine Probleme!
10. Meine Freundin hat gesagt, ________ sie keine Schiffsreise machen möchte, ________ sie auf Schiffen Angst hat.
11. Ich habe aber keine Angst, ________ ich gut schwimmen kann!

I1 Ich komme gleich runter!

Ergänzen Sie die passenden Adverbien aus dem Kasten.

raus • rauf • rüber • runter • rauf • ~~rein~~ • rein • runter

1. ● Brr, ich finde es jetzt wirklich kalt im Garten!
   ◆ Komm, wir gehen _rein_ und trinken heißen Tee!

2. ● Tim, mach mal das Fenster auf!
   ◆ Ja, was wollt ihr?
   ● Kommst du _______ zu uns und spielst mit uns Fußball?
   ◆ Tut mir leid, ich muss noch Hausaufgaben machen.

3. ● Schau mal, da auf der anderen Straßenseite: Ist das nicht Lena?
   ◆ Stimmt! Komm, gehen wir _______ und sagen wir ihr Hallo!

4. ● Ulrike?
   ◆ Ich bin oben in meinem Zimmer!
   ● Kannst du mir bitte in der Küche helfen?
   ◆ Gut, ich komme gleich _______!

5. ● Ich möchte so gern einmal auf die Zugspitze steigen.
   ◆ Das ist doch ein sehr hoher Berg! Wie lange geht man denn da _______?
   ● Ich glaube, acht Stunden.

6. ● Entschuldigung, Herr Professor, darf ich Sie einen Moment stören?

   ◆ Bitte, Frau Wenzel, kommen Sie ______!

7. ● Fährst du gern Achterbahn?

   ◆ Oh nein! Da geht es so schnell ______ und ______, dass mir ganz schlecht wird!

I2 In den Keller runterfahren!

Ergänzen Sie die Sätze mit dem passenden Verb aus dem Kasten.

> rausgehen • reinlassen • raustragen • rüberbringen
> rausgeworfen • rübergehen • reingeschrieben • rauffahren
> rüberschwimmen • ~~runterfahren~~

1 Mit dem Aufzug kann man in den Keller *runterfahren*.

2. Man kann auch in den 8. Stock ______________.

3. Der Kanalschwimmer trainiert viel. Er möchte von England nach Frankreich ______________.

4. ● Hast du ein Tagebuch?

   ◆ Ja, aber ich habe schon lange nichts mehr ______________.

5. Der Mülleimer ist voll. Kannst du bitte den Müll

   ________________?

6. ● Schnell, das Kino hat schon angefangen!

   ◆ Ja, aber erst seit fünf Minuten. Da müssen sie uns noch

   ________________.

7. ● Gestern Abend war die Polizei in der Disco!

   ◆ Ja, warum denn?

   ● Zwei Männer haben gestritten und der Barkeeper hat sie

   ________________.

8. Burghausen liegt an der Salzach, und dieser Fluss ist die Grenze zu Österreich. Hier kann man einfach mal zum Essen nach Österreich ________________!

9. ● Na, Silvia? Eine tolle Party, nicht?

   ◆ Ja, schon, aber es ist so heiß hier und so eng! Ich muss mal einen Moment ________________, kommst du mit?

10. ● Hallo, Herr Nachbar! Kann ich bitte heute Nachmittag ihre große Gartenschere leihen?

    ◆ Aber gerne!

    ● Heute Abend kann mein Sohn sie Ihnen wieder

    ________________.

13 Ein warmer Geldregen ...

Vermeiden Sie Wiederholungen und ergänzen Sie die Sätze mit den passenden Präpositionaladverbien.

1. ● Du hast ein neues Bett?
   ◆ Ja, und ich schlafe so wunderbar _darin_ (in dem Bett)!
2. ● Und ein neues Sofa hast du auch?
   ◆ Mhm, ja! Man kann so gemütlich ________ (auf dem Sofa) sitzen.
3. ● Dein Schreibtisch ist doch auch neu!
   ◆ Richtig! Ich kann stundenlang ________ (an dem Schreibtisch) sitzen und bekomme keine Rückenschmerzen.
4. ● Und der große Mercedes vor deiner Tür?
   ◆ Den habe ich gestern gekauft. Ich kann ________ (mit dem Mercedes) fast 200 km/h fahren!
5. ● Über den Sitzplatz auf der Terrasse hast du ein Dach bauen lassen, oder?
   ◆ Genau! ________ (Unter dem Dach) kann man auch bei Regen sitzen.
6. ● Das Schwimmbad im Garten – seit wann hast du das?
   ◆ Seit einem Monat. ________ (Von dem Schwimmbad) habe ich schon so lange geträumt.

7. ● Und du hast auch zwei Pferde gekauft?

   ◆ Ja, _________ (über die Pferde) freue ich mich ganz besonders.

8. ● Stimmt es, dass dein reicher Onkel Kasimir gestorben ist und du alles Geld bekommen hast?

   ◆ Ja, das stimmt. Und ich kann _________ (von dem Geld) viele Jahre leben und muss nicht mehr arbeiten!

I4 Darüber möchte ich nicht diskutieren!

Ergänzen Sie die Präpositionaladverbien aus dem Kasten.

> darauf • dafür • daran • ~~darüber~~ • dafür • darauf
> darüber • danach

1. ● Hast du in den Nachrichten den Gesundheitsminister gehört? Er hat so einen Quatsch erzählt!

   ◆ Hör auf mit der Politik! Mit dir möchte ich *darüber* nicht diskutieren.

2. ● Mein Nachbar hat gestern Abend schon wieder so laut Musik gehört!

   ◆ Ärgere dich doch nicht _________. Die Musik war doch gar nicht so schlecht!

3. ● Du hast mir so viel beim Umzug geholfen. Ich danke dir sehr __________!

   ◆ Das habe ich doch gern gemacht!

4. ● Weißt du noch? Dieses Lied haben wir vor einem Jahr gehört, und dann haben wir uns das erste Mal geküsst!

   ◆ Natürlich kann ich mich __________ noch erinnern!

5. ● … und dann ist Schweinsteiger gekommen und hat den Ball …

   ◆ Jetzt hör doch bitte mit deinem Fußball auf! Du weißt doch, ich interessiere mich absolut nicht __________!

6. ● 4 x 8 = äh … 35!

   ◆ Geli, bitte! Wir machen jetzt Mathematik und du musst dich endlich mal __________ konzentrieren!

7. ● Leihst du morgen Heinz dein Fahrrad?

   ◆ Warum? Er hat mich noch nicht __________ gefragt!

8. ● Nächste Woche fliegst du nach Thailand, nicht wahr?

   ◆ Jaaa! Und ich freue mich schon so __________!

J1 Fit in Zahlen!

Schreiben Sie alle Zahlen in Worten und notieren Sie das Ergebnis. Das Lösungswort ist ein berühmter deutscher Mathematiker und Physiker.

1. 3 + 20 = __ *drei* und *zwanzig* ist *dreiundzwanzig*
2. 5 + 7 = __ ____ und ______ ist _____
3. 24 + 13 = __ ______________ und ________ ist ________________
4. 4 + 14 = __ ____ und ________ ist ________
5. 31 + 42 = __ ______________ und ______________ ist ______________
6. 66 + 22 = __ ______________ und ______________ ist ______________
7. 1 + 16 = __ ____ und ________ ist ________
8. 2 + 19 = __ ____ und ________ ist ______________
9. 40 + 32 = __ _______ und ______________ ist ______________
10. 29 + 32 = __ ______________ und ______________ ist ______________
11. 36 + 12 = __ ______________ und _____ ist ______________
12. 11 + 5 = __ ___ und ____ ist ________

13. 6 + 16 = __ _____ und ________ ist

____

14. 59 + 34 = __ ______________ und ______________

ist ____________

1	2	3	4	5	6	7	8	9	10	11	12	13	14

J2 Zahlen, Zahlen, Zahlen ...

Schreiben Sie die Uhrzeiten, Maßangaben und Preise in Worten auf.

1. 12:45 Uhr *zwölf Uhr fünfundvierzig*
2. 3,50 Euro ____________
3. 4,5 kg ____________
4. 20:15 Uhr ____________
5. 0:20 Uhr ____________
6. 249,90 Euro ____________
7. 1,72 m ____________
8. 0,9 m ____________
9. 730 g ____________
10. 10:57 Uhr ____________
11. 1 876 Euro ____________
12. 83 km ____________
13. 1:10 Uhr ____________
14. 79,99 Euro ____________

J3 Die dritte Aufgabe!

Schreiben Sie die Ordinalzahlen in Klammern als Wort.

1. ● Entschuldigen Sie bitte, wohnt Frau Kugler hier?
   ◆ Ja, aber im Erdgeschoss. Hier ist der _vierte_ **(4.)** Stock!

2. ● Was hast du da?
   ◆ Das ist ein Kreuzworträtsel vom Supermarkt, da kann man etwas gewinnen.
   ● Und was?
   ◆ Der __________ **(1.)** Preis ist ein Fahrrad, der __________ **(2.)** ein Rucksack und der __________ **(3.)** eine Flasche Champagner.

3. ● Am Sonntag ist der __________ **(70.)** Geburtstag von meinem Opa.
   ◆ Wünsch ihm alles Gute von mir!

4. ● Der Deutschtest war wirklich einfach!
   ◆ Ja, aber die __________ **(6.)** Aufgabe habe ich nicht verstanden.

5. ● Wir müssen heute zur Buchausstellung gehen!
   ◆ Warum?
   ● Hier, lies mal: Der __________ **(100.)** Besucher bekommt ein Buch geschenkt!

6. ● Guten Tag, hier spricht Müller. Ich habe Ihre Anzeige gelesen und möchte gern das alte Fahrrad kaufen!
   ◆ Das ist jetzt der ____________________ **(25.)** Anruf – das Fahrrad ist leider schon lange verkauft!

J4 Der Wievielte ist heute?

Schreiben Sie das Datum in Worten.

1. ● Alles Gute zum Geburtstag!
   ◆ Das ist nett, aber heute ist der Dreiundzwanzigste (23.), und mein Geburtstag ist am F________________ **(25.)**!
   ● Oh ...

2. ● Michael, der Wievielte ist heute?
   ◆ Der z________ D________ **(12.3.)**!
   ● Oh, Mist! Jetzt habe ich den Geburtstag von meinem Bruder vergessen!
   ◆ Wann hatte er denn Geburtstag?
   ● Am E________ **(11.)**. Aber ich rufe ihn gleich an.

3. Vom e________________ S________ **(31.7.)** bis zum v________________ N________ **(14.9.)** haben die Kinder in Bayern Sommerferien.

4. ● Was bist du für ein Sternzeichen?
   ◆ Ich weiß nicht. Ich bin am z________ E________ **(2.1.)** geboren.
   ● Dann bist du Steinbock!

5. ● Wann hat eigentlich die Bundesrepublik Deutschland Geburtstag?
   ◆ Der Gründungstag war der d________________ Mai n________________________ **(23. Mai 1949)**.

6. Der Deutschkurs beginnt am e________________ Z________ **(21.10.)** und dauert bis zum n____________ Z________ **(19.12.)**.

A. Verben

A1 1. bist 2. bin/heiße 3. wohne 4. heißt 5. heiße/bin 6. ist 7. ist 8. heißt* 9. kommst 10. kommen 11. arbeitet** 12. Spielst 13. Spielen 14. komme

> **Zur Erinnerung:**
> *Bei Verben mit *s, ß, z* am Ende des Stammes fällt das *s* der Endung in der 2. Person Singular weg: *du hei**ß**t*
> **Verben mit *t* oder *d* am Ende des Stammes haben ein extra *e* bei einigen Formen: *du arbeit**e**st, er arbeit**e**t, ihr arbeit**e**t*

A2 1. finde 2. bin 3. ist 4. beginne 5. ist 6. arbeiten 7. freue

A3 1. fahre; fährt 2. esse; isst 3. schlafe; schläft 4. sehe; sieht 5. wasche; hilft; wäscht 6. laufe; läuft 7. nehme; nimmt 8. lese; liest 9. spricht; spreche 10. treffe; trifft

A4 1. Der Unterricht fängt um 8 Uhr 30 an. 2. Schläfst du am Wochenende gern aus? 3. Der Vater verspricht seinen Kindern einen Kinobesuch. 4. Die Kellnerin erschrickt und der Teller fällt auf den Boden. 5. Max benimmt sich respektlos, weil er die anderen im Gespräch immer unterbricht. 6. Wirfst du den Brief für mich ein? Bitte vergiss es nicht! / Vergiss es bitte nicht! 7. Der Verkäufer berät den Kunden sehr geduldig. Aber dem gefällt gar nichts. / Dem gefällt aber gar nichts. 8. Der Reiseführer empfiehlt das italienische Restaurant in der Maximilianstraße. 9. Ich schenke dir einen Stadtplan zum Geburtstag / zum Geburtstag einen Stadtplan, weil du dich so oft verläufst! 10. Meine Pflanze wächst so schnell, dass ich bald keinen Platz mehr habe!

A5 1. weckt ... auf 2. bereitet ... vor 3. räumt ... ab 4. bringt 5. fängt ... an 6. bereitet ... vor; schreibt; ruft ... an 7. fährt; holt ... ab 8. kocht 9. hilft 10. räumt ... auf 11. kauft ... ein 12. sehen ...fern; macht ... aus 13. deckt 14. hängt ... auf 15. Hört ... auf 16. liegt; schläft ein

A6 **Montag:** 1. Um 10 Uhr 30 kommen sie am Flughafen an. 2. Um 14 Uhr besichtigen sie die Altstadt. 3. Abends lesen sie die Geschichte Münchens im Reiseführer nach.
Dienstag: 4. Um 9 Uhr stehen sie auf. 5. Sie beschweren sich beim Hoteldirektor und ziehen in ein besseres Hotel um. 6. Nachmittags kaufen sie ein.
Mittwoch: 7. Vormittags leihen sie Fahrräder aus und fahren durch den Englischen Garten. 8. Um 21 Uhr gehen sie mit Maria aus.
Donnerstag: 9. Um 10 Uhr besuchen sie die Neue Pinakothek. 10. Um 19 Uhr laden sie Hans in einen Biergarten ein.
Freitag: 11. Sie übersetzen für Hans einen Brief ins Spanische. 12. Sie lernen das Münchner Nachtleben kennen.

Samstag: 13. Sie schlafen aus. 14. Sie gehen im Olympiapark spazieren und verlaufen sich. 15. Abends packen sie alles ein und bezahlen die Hotelrechnung. **Sonntag:** 16. Um 11 Uhr verlassen sie das Hotelzimmer. 17. Um 15 Uhr 30 fliegen sie ab. 18. Abends verteilen sie Geschenke an die Familie.

A7 1. nimm 2. fahr 3. Warte 4. gib 5. Geh 6. Sei 7. Hab 8. Sprich 9. Komm 10. Iss 11. Gebt 12. Kommen 13. Seien 14. Seid 15. Gehen

> **Zur Erinnerung:**
> Bildung des Imperativs:
> 2. Person Singular:
> *~~du~~ nimm~~st~~*
> *~~du~~ fähr~~st~~*
> 2. Person Plural:
> *~~ihr~~ gebt*

A8 1. Steh ... auf 2. Dusch 3. Zieh ... an 4. Fön 5. Kämm 6. Iss; trink 7. Vergiss 8. Beeil 9. Nimm 10. pass ... auf 11. Nehmt 12. lies 13. Benützt; unterstreicht 14. seid 15. lauf; gib ... ab 16. kommen Sie 17. Sagen Sie ... ab 18. Schließen Sie ... ab 19. Legen Sie 20. Verschieben Sie

A9 1. hat ... gemacht 2. sind ... gefahren 3. haben ... gewartet 4. haben ... angeschaut 5. haben ... diskutiert; war 6. habe ... gekauft 7. habe ... fotografiert; hat gesagt 8. haben ... gemacht 9. habe ... bestellt 10. war; hat ... geschmeckt 11. sind ... gekommen 12. war; bin ... gegangen 13. hatten

A10 1. Ich habe mein Zimmer schon aufgeräumt! 2. Ich habe meine Hausaufgaben schon gemacht! 3. Ich habe schon Brot für das Abendessen gekauft! 4. Ich habe den Blumen in meinem Zimmer schon Wasser gegeben! 5. Ich habe Sarah schon bei den Hausaufgaben geholfen! 6. Ich habe schon Klavier geübt! 7. Ich habe Opa (heute Abend) schon angerufen! 8. Ich bin heute schon ins Fitness-Studio gegangen! 9. Ich habe schon ein paar Flaschen Apfelsaft aus dem Keller geholt! 10. Ich habe das Buch schon in die Bibliothek zurückgebracht!

A11 1. habe ... gefunden 2. passiert ist 3. ist ... losgegangen 4. verpasst habe 5. habe ... gestellt 6. habe ... gedacht 7. bin ... gelandet 8. ist ... geflogen 9. habe ... ausgefüllt 10. habe ... gekauft; ... gesucht 11. habe ... getragen 12. ist ... angekommen 13. habe ... umgezogen; ... bezahlt; ... genommen 14. hat ... verloren 15. hat ... repariert 16. hat ... gedauert 17. habe ... vergessen

A12 1. Leoni hat endlich ihre alten, kaputten Schuhe weggeworfen. 2. Unsere Nachbarn haben die ganze Nacht laut gestritten. 3. Ich bin gestern 1000 Meter geschwommen. 4. Hast du die Blumen schon gegossen? / Hast du schon die Blumen gegossen? 5. Ich habe meinem

Freund mein Motorrad geliehen. 6. Jörg hat aus dem Urlaub einen Hund mitgebracht. / Jörg hat einen Hund aus dem Urlaub mitgebracht. 7. Sarah hat ihre Haare ganz kurz geschnitten. 8. Ich habe noch nie im Lotto gewonnen. 9. Er hat die ganze Nacht an seine Freundin gedacht.

A13 1. war 2. hatte 3. waren 4. hattest 5. war 6. waren 7. hatte 8. hatten 9. war

A14 1. Sie verabreden sich. 2. Er ruht sich aus. 3. Sie wäscht sich. 4. Er duscht sich. 5. Sie cremt sich ein. 6. Er trocknet sich ab. 7. Sie kämmt sich. 8. Er zieht sich an. 9. Sie schminkt sich. 10. Er ärgert sich. 11. Sie beeilt sich. 12. Sie küssen sich. 13. Sie lieben sich. 14. Sie verabschieden sich.

A15 1. dich; uns; mich 2. uns; sich 3. sich (4x) 4. euch; euch; sich

A16 1. kann; muss 2. wollen; können 3. will; muss 4. Kannst; darf; muss 5. will; muss; will 6. Wollt; können; müssen

Zur Erinnerung:
Alle Modalverben haben in der 1. und 3. Person Singular dieselbe Form (*ich kann, er kann*) und enden **nicht** auf *-t* !

A17 1. Möchtest; mag 2. mag 3. möchte; mag; möchte 4. Magst; mag; möchte 5. mag 6. Möchtet; möchte

A18 1. dürfen; sollen 2. darf; musst; wollen 3. kann; sollst 4. darf 5. muss; darf; muss 6. musst; darf; sollst

A19 1. mögen; wollen; müssen 2. muss 3. dürfen; müssen 4. mag; kann 5. darf; muss; wollen 6. darf; will; muss 7. mag; will

A20 1. konnte 2. wollte 3. durfte 4. konnte 5. konnte 6. wollte 7. wollte 8. durfte 9. konnte 10. wollte

A21 1. über; mit; auf; von; über; von 2. um; über; für; an; auf 3. von; an; an; von; auf

A22 1. Wofür ...? Für gute Bücher. 2. Wovon ...? Von einem Lottogewinn. 3. Woran ...? An meine Kindheit. 4. Worauf ...? Auf ein leckeres Eis. 5. Über wen ...? Über schlechte Lehrer. 6. Um wen ...? Um den kleinen Sohn meiner Nachbarin. 7. Worüber ...? Über das schlechte Wetter. 8. Mit wem ...? Mit meiner besten Freundin. 9. Worüber ...? Über spannende Kinofilme. 10. Worauf ...? Auf meinen Urlaub in zwei Wochen. 11. Auf wen ...? Auf meine Schwester.

Zur Erinnerung:
Mit allen Präpositionen kann man Fragewörter bilden:
***wo(r)-* + Präposition**
Das *r* kommt bei Präpositionen, die mit einem Vokal beginnen (*auf*, *an*, *unter*, ...).

A23 1. Würden Sie bitte das Fenster zumachen? 2. Würdest du bitte eine Flasche Saft holen? 3. Würdest du mir bitte die Butter geben? 4. Würden Sie mir bitte eine Tasse Kaffee bringen? 5. Würden Sie bitte hier / hier bitte nicht rauchen? 6. Würdet ihr das bitte aufschreiben? 7. Würdest du bitte zum Einkaufen gehen? 8. Würdest du bitte mal herkommen? 9. Würdest du bitte leise sprechen? 10. Würdest du bitte still sein?

Tipp: In allen Sätzen ist immer auch *könnte* statt *würde* möglich, z. B.: *Könnten Sie bitte das Fenster zumachen?, Könntest du bitte eine Flasche Saft holen?, Könntet ihr das bitte aufschreiben?*

B. Nomen und Artikel

B1 1. Äpfel 2. Trauben 3. Tomaten 4. Salate 5. Fische 6. Becher 7. Eier 8. Dosen 9. Nudeln 10. Brötchen 11. Flaschen 12. Packungen 13. Kiwis

Tipp:
Lernen Sie die Nomen immer zusammen mit Artikel und Pluralform (*die Frau, -en, das Kind, -er, ...*)!

B2 1. Kinderwägen 2. Milchflaschen 3. Betten 4. Autositze 5. Fahrräder 6. Sonnenbrillen 7. Kinderzimmer 8. Radios 9. Computer 10. Schreibtische 11. Schultaschen 12. Männer

B3 1. einem 2. dem 3. Das 4. einen 5. dem 6. – 7. – 8. ein 9. Der 10. – 11. – 12. – 13. – 14. dem 15. – 16. – 17. – 18. ein 19. dem 20. ein 21. eine 22. eine 23. ein 24. Das 25. einen 26. einen 27. ein

B4 1. den Tisch; Der; mit Holz; Stühle und Schreibtische; einen Schreibtisch; Der Tisch; Zeit
2. eine Pizza mit Salami; Pizza; Salami; eine Pizza mit Champignons; die Champignons; Geld; einen 10-Euro-Schein; in der Hosentasche
3. ein Bild; Papi mit einem Hund; Der Hund; so einen Hund; bei Müllers; so ein Hund; Angst; der Hund; den Hund; das Bild für Papi; das Bild

4. eine neue Wohnung; von einer ganz bunten Wohnung; das Wohnzimmer; die Küche; das Schlafzimmer; Blumen oder Formen; die Wände; ein Zimmer; Kreativität; Kreativität in der Küche

B5 1. Mein Name; Mein Bruder; meine Schwester; mit meinen Eltern und meinen Geschwistern; mit meiner Katze
2. dein Name; deine Familie; dein Hund
3. Seine Eltern; bei seinem Vater; seinen Freund; seine Mutter
4. ihre Cousine; vor ihrem Haus; ihre Großeltern; ihr Pferd
5. Unser Haus; unseren Garten; Unser liebstes Spiel; unsere Freundin
6. eure Eltern; euer Haus; eure Fahrräder; mit eurem Hund
7. Ihren Einkaufskorb; Ihren Schlüssel; Ihre Haustür
8. Ihr Haus; mit ihren Tieren; Ihr Garten; ihre ganze Freude

B6 1. ihren 2. seine 3. ihre 4. eu(e)re/euer 5. Meine 6. mein 7. dein 8. unser/mein 9. unser/mein 10. ihre 11. meiner 12. ihrer 13. ihre/meine/uns(e)re 14. meine 15. deiner 16. deiner 17. seinen 18. unser

B7 1. nicht zum Fischen 2. keinen großen Fisch 3. nicht gut 4. keine Fahrradtour 5. meine Freunde nicht 6. keinen Film 7. nicht in die Diskothek 8. kein Mädchen 9. nicht lange 10. nicht so richtig

C. Adjektive

C1 1. ist verheiratet 2. ist krank 3. ist groß 4. ist klein 5. ist nett 6. ist breit 7. ist neu 8. sind teuer 9. ist schwer 10. ist leicht

C2 1. kleiner 2. warmen 3. grünen 4. blaue 5. langen 6. lange 7. kurze 8. schwarze 9. blaue 10. kurzen 11. weiße 12. braune 13. hübsche 14. gelben 15. weiße 16. langen 17. grünen 18. blauen 19. kurzen 20. großes 21. kleines 22. großen

C3 1. französischen 2. italienische 3. griechische 4. französischer 5. holländischen 6. frische 7. bunte 8. afrikanische 9. brasilianische 10. chinesischen 11. deutsche 12. englische 13. ganze 14. leckeres 15. frischen 16. saftiges 17. nordisches 18. bayerischen 19. Türkische 20. arabisches 21. griechisches 22. bayerische

C4 1. junger; großen; tollen; aussehende; junge; langen; blonden; gemeinsame; spätere
2. gute; klassische; schöne; harmonische; liebe; intelligente; gleichen; lange; kalten
3. Lange; tägliches; sportliche; sportlicher; starker
4. langes; aufregenden; vielen; gemütliches; interessante; humorvolle; langweiligen
5. netter; schüchterner; sympathische; optimistischer; fröhlicher

C5 1. lieber 2. besser 3. lieber; besser 4. mehr; am meisten 5. am besten 6. lieber 7. am liebsten 8. am besten 9. mehr

C6 1. größer 2. klüger 3. sportlicher 4. mehr 5. lustiger 6. schöner; jünger 7. schlanker 8. pünktlicher 9. härter 10. stärker 11. höher 12. arroganter

C7 1. größer; am größten 2. kleiner; am kleinsten 3. länger; am längsten 4. schneller; am schnellsten 5. langsamer; am langsamsten

C8 1. am höchsten: K2 (8611 m) 2. am größten: Jupiter (142 884 km Durchmesser) 3. am kältesten: Antarktis (-58° bis -89° Celsius) 4. am trockensten: Atacama-Wüste (400 Jahre lang, bis 1971, kein Regen!) 5. am kleinsten: Australien (8 500 000 km²) 6. am meisten: Hawaii (Kauai: 350 Tage pro Jahr) 7. am heißesten: Dasht-e Lut (70,7° Celsius) 8. am berühmtesten: Picasso 9. am nächsten: Mars 10. am längsten: Kohl (16 Jahre) 11. am ältesten: Rom (753 v. Chr.)

D. Pronomen

D1 1. f) 2. d) 3. a) 4. h) 5. b) 6. c) 7. k) 8. j) 9. e) 10. g) 11. i)

D2 1. sehe dich; ihn gleich gefunden; sieht uns; Wo seid ihr; sehe euch; sucht sie; findet sie
2. gefällt ihm; mit ihnen; gewinnt er; für uns
3. möchte es; mit ihr; nett von dir; dass du mir ; möchte ich dich
4. mit euch; zu uns kommen; ohne mich; schaue euch gerne zu

D3 1. Er zeigt sie ihr. 2. Sie erzählt es ihnen. 3. Sie erklärt sie ihr. 4. Er stiehlt sie ihm. 5. Sie schenken ihn ihm. 6. Kannst du ihn mir erklären? 7. Darf ich sie Ihnen tragen helfen? 8. Er empfiehlt es ihnen. 9. Er beantwortet sie ihm. 10. Sie schickt sie ihr. 11. Er bringt ihn ihr ans Bett. 12. „Ich kann sie dir nicht glauben!“

D4 1. deiner 2. meiner 3. deine; deine 4. meine; ihre 5. mein(e)s 6. eu(e)re 7. uns(e)re 8. deiner 9. meiner 10. uns(e)res 11. eu(e)res 12. dein(e)s; uns(e)res

D5 1. meinen 2. deinem; sein(e)s 3. deine 4. eu(e)re; uns(e)re 5. Ihr(e)s 6. ihr(e)s

D6 1. kein(e)s 2. ein(e)s 3. eine 4. keinen 5. einen 6. keine 7. welche 8. eine 9. welche

D7 1. f) 2. d) 3. a) 4. h) 5. j) 6. b) 7. i) 8. e) 9. c) 10. g)

D8 1. Der; Die 2. Mit dem; Der 3. Mit der; Die 4. Das; Das 5. Den; Über den 6. Die; Die 7. Die; Mit der

E. Präpositionen

E1 1. zum Arzt; beim Arzt; vom Arzt 2. zum Einkaufen; beim Einkaufen; vom Einkaufen 3. ins Büro; im Büro; aus dem / vom Büro 4. in die / zur Bäckerei; in der Bäckerei; aus der / von der Bäckerei 5. zu Anna; bei Anna; von Anna 6. ins Schwimmbad; im Schwimmbad; aus dem / vom Schwimmbad 7. in die Berge; in den Bergen; aus den / von den Bergen 8. nach Hause; zu Hause; von zu Hause 9. zum Friseur; beim Friseur; vom Friseur 10. zu meinen Eltern; bei meinen Eltern; von meinen Eltern

Zur Erinnerung:
zu + dem = zum
von + dem = vom
in + dem = im
an + dem = am
bei + dem = beim

E2 1. zum 2. bis zum 3. Am 4. nach 5. in die 6. Am 7. über die 8. am 9. bis zur 10. nach 11. bis zum 12. auf der 13. am 14. nach 15. auf der

E3 1. am 2. für / – 3. vom ... bis zum 4. um 5. – 6. um 7. In der 8. – 9. Am; für / – 10. im

E4 1. ab 2. für 3. in 4. vor 5. nach 6. für 7. am 8. von 9. bis 10. seit 11. Seit 12. – 13. vor 14. Bis zu der 15. nach 16. in 17. bis

E5 an die Decke; in die Ecke; an die Wand; in die Mitte; um den Tisch; in die Schublade; im Schrank; Unters Fenster; auf diese; ins Zimmer; vor dem Haus

Zur Erinnerung:
Wohin? → Akkusativ
Wo? → Dativ

E6 1. aus dem Schrank 2. in der Mitte 3. auf der linken Seite 4. auf den Herd 5. aus dem Kühlschrank 6. von der Butter 7. in die Pfanne 8. mit dem Streichholz 9. aus der Schachtel 10. in den Mülleimer 11. am Pfannenrand 12. im Kühlschrank 13. auf das Ei 14. auf den Tisch 15. in den Mülleimer

E7 **a)** 1. auf den 2. in den 3. in die; in den 4. an die 5. an die 6. in die 7. über das / auf das 8. unter den 9. Zwischen die

b) 1. Auf dem Tisch im Esszimmer stehen Blumen. 2. Im Schlafzimmer hängen die Kleider im Schrank. 3. Im Wohnzimmer stehen die Bücher in der Regalwand und die CDs im CD-Ständer. 4. Im Bad hängen die Handtücher an der Wand. 5. Im Flur hängt der Hut an der Garderobe. 6. Das Auto steht in der Garage. 7. Im Schlafzimmer liegt die Tagesdecke über dem / auf dem Bett. 8. Im Arbeitszimmer steht der Mülleimer unter dem Schreibtisch. 9. Zwischen den Fenstern in der Küche hängt ein neues Bild.

E8 1. meinem 2. den 3. mich 4. der 5. meinem 6. einer 7. dem 8. mich; ihm 9. einen 10. einem 11. meiner 12. den

E9 1. für 2. gegen 3. ohne; mit 4. um 5. aus; bei; für 6. Von; seit; für

E10 1. aus der Türkei; in Deutschland; in die USA
2. aus Frankreich; in der Schweiz; nach Frankreich; in der Bundesrepublik
3. aus den Vereinigten Arabischen Emiraten; aus Großbritannien; in England; in den Iran; in Indien; nach Österreich
4. in vielen Ländern; in Schweden und (in) Norwegen; in den Niederlanden; in Spanien und (in) Italien; in der Ukraine und (in) der Tschechischen Republik; in Russland
5. nach Ägypten und (nach) Marokko; in einige südamerikanische Länder; nach Chile, (nach) Peru, (nach) Brasilien, (nach) Argentinien

F. Fragen

F1 1. Wie 2. Woher 3. Wo 4. Wo 5. Wann 6. Was 7. Wie lange 8. Seit wann 9. Wann 10. Wie 11. Wie

F2 1. Wer ist das? 2. Wie alt ist er? 3. Woher kommt er? 4. Wie lange kennst du ihn schon? 5. Wo wohnt er? 6. Seit wann wohnt er in Hamburg? 7. Was ist er von Beruf? 8. Wann kommt er nach München? 9. Warum möchtest du das wissen?

F3 1. Heißen Sie wirklich Mona? 2. Kommen Sie wirklich aus Portugal? 3. Ist Lissabon wirklich Ihre Heimatstadt? 4. Sprechen Sie wirklich Portugiesisch, Englisch und Deutsch? 5. Ist Ihr Vater wirklich Professor für Physik? 6. Studieren Sie wirklich Wirtschaft in Berlin? 7. Möchten Sie wirklich zwei Jahre in Deutschland bleiben? 8. Sind Ihre Hobbys wirklich Singen und Gitarre spielen? 9. Gefällt Ihnen Berlin wirklich sehr gut? 10. Wohnen Sie wirklich in der Lindenstraße? 11. Sagen Sie wirklich nichts mehr?

F4 1. Ja 2. Doch 3. Nein 4. Nein 5. Nein 6. Doch 7. Ja 8. Doch 9. Nein 10. Ja 11. Doch 12. Ja

Zur Erinnerung:
Negative Frage
↓
positive Antwort: *doch!*

F5 1. wie die Hauptstadt von Deutschland heißt 2. wie viele Bundesländer Deutschland hat 3. wo Dresden liegt 4. wann der deutsche Nationalfeiertag ist 5. wie viele Menschen in Deutschland leben 6. ob es in Deutschland ein Meer gibt 7. wer der Chef der Regierung ist 8. ob das auch eine Frau sein kann

G. Satzstellung

G1 1. steht Vera um 8 Uhr 30 auf 2. geht oft ins Schwimmbad 3. geht sie ins Theater 4. trifft Ella und Rudi 5. besucht die Großeltern in Bamberg 6. joggt sie 7. kauft neue Schuhe 8. geht viel spazieren 9. geht sie ins Kino 10. räumt den Keller auf 11. fährt sie an den Chiemsee 12. lädt sie Tante Tilla ein

> **Zur Erinnerung:**
> Das Verb steht immer auf Position II! (Ausnahmen: Satzfrage, Imperativ)
> Das Subjekt steht immer auf Position I oder es kommt gleich nach dem Verb.

G2 1. Guten Morgen! 2. Guten Morgen, Herr Doktor! 3. Was kann ich für Sie tun? 4. Ich habe seit drei Tagen Bauchschmerzen. 5. Wo tut Ihnen der Bauch weh? 6. Er tut überall weh. 7. Wann haben Sie Bauchschmerzen? 8. Meistens tut der Bauch nach dem Essen weh. 9. Essen Sie sehr viel? 10. Nein, ich esse ganz wenig. 11. Was essen Sie am Tag? 12. Zum Frühstück esse ich fünf Eier und drei Brötchen / drei Brötchen und fünf Eier. 13. Zum Mittagessen gehe ich ins Restaurant und esse ein Steak mit Kartoffeln und zum Nachtisch ein Eis. 14. Am Nachmittag gibt es Kaffee und Kuchen. 15. Zum Abendessen gibt es nur etwas Kleines. 16. Ich esse vielleicht eine Pizza oder Schinkenbrote / Schinkenbrote oder eine Pizza. 17. Sie müssen eine Diät machen! 18. Eine Woche essen Sie nur Reis und Gemüse. 19. Dann haben Sie sicher keine Bauchschmerzen mehr.

G3 1. Klara **hat** ihre Hausaufgaben nicht **gemacht**. 2. Ich **habe** das Wort nicht **verstanden**. 3. Udo **möchte** eine Party **machen**. 4. Tina **kann** heute nicht **kommen**. 5. Am Wochenende **haben** die Jungen Fußball **gespielt**. 6. Am Freitag **will** ich dich zu meiner Geburtstagsparty **einladen**. 7. **Kannst** du heute Nachmittag **einkaufen**?

G4 1. (Jörg) sucht seine Brille. 2. (Er) fragt seinen Sohn: „Hast (du) meine Brille gesehen?“ 3. Doch (sein Sohn) isst gerade einen Teller Spaghetti ... 4. Dann räumt (Jörg) seinen Schreibtisch auf. 5. „Vielleicht finde (ich) sie hier“, denkt (er). 6. Aber (die Brille) ... 7. (Jörg) ist sauer. „...sehe (ich) meine Brille nicht gut!“, schimpft (er). 8. Plötzlich hat (er) eine Idee. „(Ich) habe doch gerade die Zeitung gelesen!“ 9. (Er) geht ins Wohnzimmer. ... liegt (die Katze) auf der Zeitung. Und (die Zeitung) liegt ...

G5 1. dir; mir; mir 2. Kindern; den Eltern 3. mir; Ihnen; mir; Ihnen 4. deiner Mutter 5. Ihren Eltern; ihnen

G6 Die Dativergänzung kommt immer zuerst:
1. seiner Frau einen Blumenstrauß 2. seinem Großvater einen Kuchen 3. den Touristen den Weg 4. seinen Freunden sein Auto 5. seinem Sohn die Hausaufgaben 6. seiner Tochter den Deutschtest 7. dem Nachbarshund eine Wurst 8. seinen Kindern kleine Geschenke 9. seiner Familie ein tolles Menü 10. allen Freunden schöne Geschenke

G7 1. Dieter steht jeden Morgen um 7 Uhr auf. / Jeden Morgen steht Dieter um 7 Uhr auf.
2. Er frühstückt um 7 Uhr 30 Toast und Kaffee. / Um 7 Uhr 30 frühstückt er Toast und Kaffee.
3. Er fährt von Montag bis Freitag um 8 Uhr 30 ins Büro. / Von Montag bis Freitag fährt er um 8 Uhr 30 ins Büro.
4. Er macht meistens um 12 Uhr 30 im Stadtpark Mittagspause. / Meistens macht er um 12 Uhr 30 im Stadtpark Mittagspause.
5. Am Freitag arbeitet er nur bis 15 Uhr. / Er arbeitet am Freitag nur bis 15 Uhr.
6. Er geht am Freitagabend um 20 Uhr mit seiner Freundin in die Oper. / Am Freitagabend geht er um 20 Uhr mit seiner Freundin in die Oper.
7. Er sieht jeden Samstagnachmittag um 15 Uhr ein Fußballspiel im Stadion. / Jeden Samstagnachmittag sieht er um 15 Uhr ein Fußballspiel im Stadion.
8. Er besucht am Sonntag von 14 bis 16 Uhr seine Mutter im Seniorenheim. / Am Sonntag besucht er von 14 bis 16 Uhr seine Mutter im Seniorenheim.

G8 1. Luisa fährt im August mit ihrer Mutter nach Italien in Urlaub.
2. Treffen wir uns heute Abend mit Peter und Gabi vor dem Kino?
3. Ich habe im Mai in Paris geheiratet. 4. Felix besucht nächste Woche seine Schwester in Rom. 5. Der Zug kommt heute zu spät in Berlin an.
6. Hella geht am Morgen mit ihrem Hund im Englischen Garten spazieren. 7. Meine Freundin ist letzte Woche mit ihrer Familie nach Hamburg umgezogen. 8. Gerda hat bis jetzt noch keine Freunde in der Schule gefunden. / Gerda hat in der Schule bis jetzt ... 9. Rudolf hat heute Nachmittag einen Termin beim Zahnarzt. 10. Mein Hund rennt seit 20 Minuten der Katze durch den Park hinterher. / ... rennt der Katze seit 20 Minuten durch den Park hinterher.

H. Konjunktionen

H1 1. b); d); e); g); h); j)
2. a); c); f); i); k); l)

H2 1. Gehen wir zum Essen oder schauen wir uns den neuen Film mit Tom Hanks an? 2. Ich möchte gern den Film sehen, denn er hat eine gute Kritik bekommen. 3. Ja, Kino macht sicher Spaß, aber ich möchte gern einmal das neue indische Restaurant ausprobieren. 4. Das möchte ich gerne, aber es ist vielleicht sehr teuer. 5. Ich esse gern indisch, denn das schmeckt so interessant. 6. Im Kino ist es gemütlich, denn es gibt dort so weiche Sessel. 7. Wir sehen eine DVD an oder wir gehen früh ins Bett.

H3 1. deshalb mag ich sie gern. 2. trotzdem trinke ich manchmal eine Tasse Kaffee mit ihm. 3. deshalb lade ich ihn oft zum Essen ein. 4. deshalb spreche ich nicht gern mit ihm. 5. deshalb gehen wir oft zusammen joggen. 6. trotzdem helfe ich ihr manchmal im Garten. 7. deshalb hat er wenig Zeit für mich. 8. trotzdem sehe ich sie nicht oft. 9. trotzdem bin ich gern mit ihm zusammen. 10. trotzdem mag ich ihn nicht.

H4 1. weil er im Regen ganz nass geworden ist. 2. weil ich nicht genug Geld habe. 3. weil er sie nicht mag. 4. weil sie Geld verdienen möchte. 5. weil sie sich verliebt hat. 6. weil das wichtig für den Beruf ist. 7. weil er sich für Politik interessiert. 8. weil das schlecht für deine Gesundheit ist.

H5 1. dass Geld glücklich macht? 2. dass alle Deutschen immer pünktlich sind? 3. dass Frauen nicht gut Mathematik können? 4. dass die Deutschen alles planen? 5. dass das Fernsehen die Menschen dumm macht? 6. dass alle Engländer gern Tee trinken? 7. dass früher alles besser war? 8. dass Männer nicht über ihre Gefühle sprechen? 9. dass reiche Männer immer junge, blonde Frauen haben? 10. dass Frauen sich für die Männer hübsch machen?

H6 1. Wenn ich einen Marathon gelaufen bin. 2. Wenn meine Tiere nicht gesund sind. 3. Wenn viele Patienten zu mir kommen. 4. Wenn ich einen Patienten gesund machen kann. 5. Wenn ich viel trainiert habe. 6. Wenn ich mit meinen Hunden spazieren gehe. 7. Wenn ich im Fernsehen die Olympischen Spiele anschaue. 8. Wenn ich ein Wochenende frei habe. 9. Wenn meine Hunde Kinder bekommen haben.

H7 1. Wenn 2. dass 3. weil 4. dass 5. Wenn 6. dass 7. weil 8. dass; wenn 9. dass 10. dass; weil 11. weil

I. Adverbien

I1 1. rein 2. raus 3. rüber 4. runter 5. rauf 6. rein 7. rauf und runter

I2 1. runterfahren 2. rauffahren 3. rüberschwimmen 4. reingeschrieben 5. raustragen 6. reinlassen 7. rausgeworfen 8. rübergehen 9. rausgehen 10. rüberbringen

I3 1. darin 2. darauf 3. daran 4. damit 5. Darunter 6. Davon 7. darüber 8. davon

I4 1. darüber 2. darüber 3. dafür 4. daran 5. dafür 6. darauf 7. danach 8. darauf

Zur Erinnerung:
Mit allen Präpositionen kann man Adverbien bilden:
***da(r)* + Präposition**
Das *r* kommt bei Präpositionen, die mit einem Vokal beginnen (*auf, an, unter, ...*).

J. Zahlen

J1 1. drei und zwanzig ist dreiundzw**a**nzig 2. fünf und sieben ist zwö**l**f 3. vierundzwanzig und dreizehn ist sie**b**enunddreißig 4. vier und vierzehn ist achtz**e**hn 5. einunddreißig und zweiundvierzig ist d**r**eiundsiebzig 6. sechsundsechzig und zweiundzwanzig ist ach**t**undachtzig 7. eins und sechzehn ist siebz**e**hn 8. zwei und neunzehn ist einundzwanz**i**g 9. vierzig und zweiunddreißig ist zweiu**n**dsiebzig 10. neunundzwanzig und zweiunddreißig ist einund**s**echzig 11. sechsunddreißig und zwölf ist ach**t**undvierzig 12. elf und fünf ist s**e**chzehn 13. sechs und sechzehn ist zwe**i**undzwanzig 14. neunundfünfzig und vierunddreißig ist dreiund**n**eunzig
Lösungswort: Albert Einstein

J2 1. zwölf Uhr fünfundvierzig 2. drei Euro (und) fünfzig (Cent) 3. vier Kilo(gramm) (und) fünfhundert Gramm 4. zwanzig Uhr fünfzehn 5. null Uhr zwanzig 6. zweihundertneunundvierzig Euro (und) neunzig (Cent) 7. ein Meter (und) zweiundsiebzig (Zentimeter) 8. neunzig Zentimeter 9. siebenhundertdreißig Gramm 10. zehn Uhr siebenundfünfzig 11. eintausendachthundertsechsundsiebzig Euro 12. dreiundachtzig Kilometer 13. ein Uhr zehn 14. neunundsiebzig Euro (und) neunundneunzig (Cent)

Tipp: Wenn bei Zahlen und Maßen ein Komma vorhanden ist, kann dies in förmlicher Sprache auch gelesen werden:
4,5 kg *vier Komma fünf Kilogramm*
0,9 m *null Komma neun Meter*

J3 1. vierte 2. erste; zweite; dritte 3. siebzigste 4. sechste 5. hundertste 6. fünfundzwanzigste

J4 1. der Dreiundzwanzigste; am Fünfundzwanzigsten 2. der zwölfte Dritte; am Elften 3. Vom einunddreißigsten Siebten bis zum vierzehnten Neunten 4. am zweiten Ersten 5. der dreiundzwanzigste Mai neunzehnhundertneunundvierzig 6. am einundzwanzigsten Zehnten; bis zum neunzehnten Zwölften

Zur Erinnerung:
Ordinalzahlen:
Zahlen 1 bis 19 + *-te(n)*;
Zahlen ab 20 + *-ste(n)*
Unregelmäßige Formen:
erste(n), dritte(n), siebte(n)

Kurzgrammatik Deutsch
128 Seiten
ISBN 978-3-19-009569-8

Deutsche Grammatik zum Nachschlagen und Üben!

Die *Kurzgrammatik Deutsch* bringt es auf den Punkt: Sie behandelt die wichtigsten Grammatik-Themen so kurz wie möglich und bietet Ihnen so einen Überblick über das System der deutschen Sprache. Das hilft Ihnen, das wirklich Wesentliche schnell zu lernen und sicher zu beherrschen.

- Beschränkung auf die wesentlichen Aspekte der Grammatik, die für Deutschlerner besonders hilfreich sind
- Kurze Tests zur Selbstevaluation zu jedem Themenbereich
- Lösungen zu den Tests und eine Liste der wichtigsten unregelmäßigen Verben und Verben mit Präpositionen im Anhang
- Für schnelles und gezieltes Nachschlagen bzw. Üben, für zu Hause und unterwegs
- Zur Vorbereitung auf die Prüfungen der Niveaustufen A1, A2 und B1 des *Gemeinsamen Europäischen Referenzrahmens*

www.hueber.de/deutsch-lernen

Hueber Freude an Sprachen